AF247544

Puerto Rico
Nación Independiente
Imperativo del Siglo XXI

Rubén Berríos Martínez
Francisco Catalá Oliveras
Fernando Martín Garcia

Puerto Rico
Nación Independiente
Imperativo del Siglo XXI

San Juan, Puerto Rico
2010

Primera edición: abril 2010

Portada, acrílico sobre tela, *Anunciación* (2010)
por Hiram Montalvo

Arte y diseño del texto por Tito Ortiz

ISBN 1932766162

Impreso por EDITORA CORRIPIO, C por A
Calle A Esquina Central, Zona industrial Herrera
Santo Domingo, República Dominicana

A la memoria de don Gilberto Concepción de Gracia, inspirador de tantas ideas que hoy podrían parecer originales. En el Centenario de su nacimiento y Bicentenario de la Independencia de América Latina que él nos enseñó a amar, se impone señalar que, como advirtió Sarmiento, el olvido o la condenación de las grandes figuras tiene como su principal razón absolver y agrandar a las pequeñas.

Contenido

Por qué y para qué, por *Rubén Berríos Martínez* 9

I. La nueva realidad Continental y nuestra Independencia
   por *Fernando Martín García* 15

II. La economía de Puerto Rico: del enclave colonial
    al imperativo de la Independencia
    por *Francisco A. Catalá Oliveras* 47

III. Nacionalidad, ciudadanía y nacionalidad dual:
     La ciudadanía americana y Puerto Rico
     por *Rubén Berríos Martínez* 99
     Introducción 101
     I. El marco histórico de la doctrina 102
     II. Ciudadanía y ciudadanía dual en E.U. 111
     III. El pueblo de Puerto Rico y la Ciudadanía
          Americana 124
     IV. México y la nacionalidad dual 139
     V. Ciudadanía, nacionalidad y el futuro
        de Puerto Rico 149
     VI. Conclusión 164
     VII. Apéndices
          1. Sobre la Libre Asociación 171
          2. Sobre el colonialismo por consentimiento 175
          3. Sobre el apoyo de América Latina y el
             Caribe a la independencia de Puerto Rico 181

IV. Índice temático 191

Por qué y para qué

Rubén Berríos Martínez

En Vieques, aquel jueves 3 de febrero del 2000, era para mí un día como cualquier otro. Estaba acostumbrado. Llevaba más de nueve meses seguidos de desobediencia civil en aquella idílica playa usada como campo de tiro por la Marina de Guerra de los Estados Unidos y bautizada por nosotros Gilberto Concepción de Gracia, fundador del Partido Independentista Puertorriqueño. Ese mismo día pensé que en el futuro desearía testigos para confirmarme que no fue un sueño lo que sucedió. Y allí estaban Aníbal Díaz y su esposa Tere, más que militantes de Villalba y Playa Ponce, compañeros y hermanos.

En la tarde, de la hondonada entre dos colinas, convertida en sendero para llegar de la parte norte al sur de la isla, se acercaron dos personas. Uno de ellos, puertorriqueño, nos presentó a su acompañante como un sacerdote católico de la India. De la tierra de Gandhi, quiso visitar nuestro campamento.

En una parroquia de Nueva York había oído hablar de Vieques. No me extrañó. Vieques recorría el mundo. El *New York Times* había publicado en su edición del domingo, 5 de diciembre de 1999, un artículo de portada basado en una extensa entrevista sobre el futuro de la lucha contra la Marina que me hiciera allí en la playa un reportero de ese diario.

Le pregunté al sacerdote si eran muchos los católicos en la India. Respondió que, en comparación con la población muy pocos, sólo varios millones. Añadió que venía de una familia de cristianos viejos. Quise saber si eran de Goa —el último enclave colonial portugués— o cristianos de la época de San Francisco

Javier, el apóstol de la India. Me dijo que no; que eran *Thomas Christians* de Kerala.

En un recóndito rincón de la memoria se me encendió una chispa. Había escuchado o leído como parte de la tradición de la Iglesia —no sé si apócrifa u ortodoxa— que Santo Tomás, el discípulo que sólo creía si veía y tocaba, evangelizó en la India. Así me lo confirmó de inmediato mi visitante, con la mayor tranquilidad.

La conversación tomó otro giro. Hablamos largo rato sobre la historia de la lucha por la independencia en la India y en Puerto Rico; sobre sus aspectos económicos y políticos y sobre la desobediencia civil como método de lucha. Luego, antes de despedirse, me dijo que no debía olvidar el aspecto psicológico. En la India, lastrada por las castas, país de parias y maharajas, ser *British subject* había sido un factor importante, sinónimo de cambio y modernidad, y; añadió: "en Puerto Rico, ¡cuántos no se precian de ser ciudadanos americanos!".

Lo dijo como si hubiera venido a decirme eso. Y nada más.

Me vino a la mente la advertencia de Hamlet a Horacio: *"Hay más cosas entre el cielo y la tierra de lo que sueña tu filosofía"*.

Yo conocía la distinción entre la nacionalidad –hecho histórico social, cultural, afectivo– y la ciudadanía, concepto esencialmente civil, político y jurídico. La nacionalidad, nuestra identidad de pueblo único y diferenciado, es esa continuidad espiritual más que centenaria y en perpetuo desarrollo entre los que ya no están, los que hoy conviven y los que todavía no han nacido: tan parte de la naturaleza humana –por definición gregaria– como el instinto de conservación y el de la reproducción. Es ese amor a lo propio que se anida en las regiones más cálidas del alma y nos une en la palabra "patria" más allá de lo pasajero, que no necesita de explicaciones y es patrimonio de todos los puertorriqueños. La ciudadanía americana en Puerto Rico, sin embargo, es otra cosa. Mientras unos la veneran y otros la cuestionan, para muchos el amor y el interés se fueron al campo un día y pudo más el interés que el amor que le tenía...

Pero en todo caso, también estaba consciente aquel día —y ahora más— que ante la creciente dependencia extrema y la cultura política antiindependentista que nos arropa, muchos asocian su supervivencia económica personal con Estados Unidos y con el vínculo jurídico que manifiesta individualmente la relación con ese país, la ciudadanía americana. No obstante, salvo un ensayo estrictamente jurídico escrito durante el proceso plebiscitario del 1989 al 1991, el independentismo no le había dedicado hasta entonces gran estudio ni pensamiento al problema.

Sobre la ciudadanía faltaba mucho. Lo dejé en el tintero para el futuro. Ahora ha llegado el día.

Publico en este libro un escrito sobre la ciudadanía americana de los puertorriqueños y su relación con la lucha por la independencia. Dedico los capítulos iniciales a un análisis jurídico, histórico y político de la nacionalidad, la ciudadanía y la nacionalidad dual. Entro en detalladas consideraciones de carácter normativo, necesarias para las reflexiones y conclusiones sobre el futuro de la ciudadanía y de las relaciones entre Estados Unidos y Puerto Rico con que cierra mi escrito y el libro.

Dos escritos preceden al de mi autoría. El primero, de Fernando Martín, trata sobre la historia política puertorriqueña y la lucha independentista en el contexto continental. Ese escrito provee el indispensable trasfondo histórico que enmarca los ensayos posteriores. Le sigue el de Francisco Catalá sobre la urgencia y necesidad económica de la Independencia. Su análisis parte de la íntima relación que siempre ha existido entre la economía de Puerto Rico y la internacional, en particular con la de Estados Unidos desde el 1898. La argumentación sobre el presente y futuro de nuestra economía se fundamenta en las realidades económicas puertorriqueñas, hemisféricas y globales del siglo XXI.

Los ensayos sobre economía y sobre ciudadanía profundizan en los dos asuntos de mayor importancia y preocupación para los puertorriqueños. Todos los escritos, a su vez, con las reiteraciones de rigor, se complementan e interrelacionan y constituyen un todo orgánico dirigido a enfrentar los temas fundamentales del debate sobre el futuro de Puerto Rico.

En varias ocasiones, compartiendo con Fernando y Francisco, hemos comentado que, en lo que atañe a los temas históricos y económicos, prácticamente todo está dicho —bien dicho y escrito— por independentistas del pasado y del presente. Ese invaluable material, sin embargo, se encuentra desperdigado e inconexo en artículos, tesis, libros, discursos e innumerables publicaciones fuera del alcance del lector promedio. Más aún, buena parte de ese material no está actualizado. También ha llegado el día para recoger en un solo volumen la esencia del pensamiento de ambos sobre estos tópicos a base de las realidades y perspectivas del presente.

Sus trabajos son la síntesis madura de décadas de estudio, experiencia y reflexión. Por su seriedad, rigor intelectual, sabiduría, preparación y rectitud Fernando y Francisco gozan del respeto tanto de sus compañeros de ideal como de sus adversarios ideológicos. Independentistas curtidos en las buenas y en las malas; son de aquellos —nunca muchos— "cuyas rodillas" —como dice el Antiguo Testamento— "no se doblaron delante de Baal".

Este libro demuestra que para nuestro pueblo, la independencia constituye un imperativo histórico y económico. Tanto el ensayo de Fernando como el de Francisco se enmarcan en la mejor tradición de la economía política y el análisis histórico. Parten de la convicción de que aunque los hombres hacen su propia historia, la hacen condicionados por fuerzas profundas y de larga duración, a veces apenas perceptibles, de la misma manera que las corrientes submarinas, las mareas, y los vientos serán determinantes en la ruta y el tiempo que tomará un velero para llegar a puerto seguro.

El libro impugna y desmitifica los miedos, las falsedades y tergiversaciones que por tanto tiempo se han urdido contra nuestro ideal. A la gran mayoría de nuestro pueblo se le había hecho creer que República era sinónimo de pobreza, y ahora resulta que tanto la ciencia económica como la historia comprueban que es precisamente la independencia la llave para el desarrollo económico y el progreso, mientras que el coloniaje ha llevado a Puerto

Rico a la bancarrota y a la descomposición social, y la estadidad lo condenaría a ser una región permanentemente marginada y subdesarrollada de los Estados Unidos. ¡La suprema ironía! A la vez, ante un sistema que no funciona y la impotencia para resolver los problemas cada vez más agudos, todavía prevalece en el país lo que la antropología social llama "pensamiento mágico", las soluciones ficticias o irrealizables que no guardan relación con la realidad: la pretensión de un ELA mejorado y la estadidad.

Para superar el colonialismo, sin embargo, con la lógica y la razón de libro alguno ni de lejos basta, porque aunque educar es importante, con explicar no es suficiente. La lucha por la independencia no es un ejercicio académico. Se trata de un proceso político de liberación nacional condicionado por poderosos intereses y elementos muchos de los cuales rebasan nuestras fronteras. En ese proceso el tiempo se cuenta, no en años, ni en cuatrienios, sino en trabajo, constancia y tenacidad; lo fundamental, perseverar, ¡no rendirse jamás! En ese proceso, como Vieques comprobó, nuestra "honda es la de David".

El propósito del libro no es meramente analizar e interpretar la realidad sino contribuir a transformarla. Aspira a sembrar esperanza y romper la impotencia de aquellos que, sin ser independentistas, buscan una salida a la insostenible realidad colonial. Los independentistas, a su vez, tienen aquí una herramienta para ser más efectivos en la lucha para adelantar nuestra liberación al conmemorar el Bicentenario de la Independencia de Nuestra América, incompleta hasta que Puerto Rico sea libre.

I

La nueva realidad continental y nuestra independencia

Fernando Martín García

La nueva realidad continental y nuestra Independencia

INTRODUCCIÓN

La más que centenaria lucha por la independencia de Puerto Rico y por la defensa y desarrollo de la nacionalidad puertorriqueña constituye uno de los episodios de mayor tenacidad y coraje colectivos en la historia de América Latina.

La voluntad de la nación puertorriqueña por gobernarse a sí misma y por afirmar su incuestionable personalidad cultural latinoamericana ha tenido infinidad de manifestaciones a lo largo del tiempo, producto de las diversas formas que fue tomando la determinación de dominio de la potencia colonial de turno, primero España y luego Estados Unidos. Sin embargo, ninguna manifestación de esa voluntad ha sido más persistente ni más trascendente que el reclamo constante de los independentistas puertorriqueños de ponerle fin al coloniaje y dar paso a un régimen de plena soberanía.

La lucha por la independencia ha sido, por lo tanto —particularmente durante la ocupación por parte de los Estados Unidos a partir de la Guerra Cubano Hispanoamericana en 1898— la expresión más alta y más completa de esa inquebrantable vocación de afirmación nacional.

Para poder valorar adecuadamente esa epopeya libertaria y para poder entender porqué aún no ha logrado su culminación es preciso tener en cuenta las enormes adversidades con que se ha tenido que confrontar la nacionalidad puertorriqueña, y la grotesca desproporción de fuerzas que siempre ha existido entre la lucha por la descolonización y la independencia, y los intereses que han promovido y sustentado el colonialismo en Puerto Rico.

La correcta evaluación de estos factores determinantes de la historia puertorriqueña nos permite comprender porqué Puerto Rico es hoy todavía una de las últimas colonias de importancia que quedan en el mundo. Igualmente nos permitirá identificar las nuevas e inéditas circunstancias de la actual coyuntura histórica que por fin hacen posible el logro de nuestra independencia nacional y nuestra plena integración espiritual, política y económica a la gran patria latinoamericana que cada día proclama con más fuerza y voluntad su propia independencia continental y caribeña.

LA AGENDA INCONCLUSA DE BOLÍVAR

Luego de que las luchas emancipadoras de principios de siglo XIX dieron al traste con el imperio español en México, Centro y Sur América, España se aferró como nunca a sus restantes colonias en Cuba y Puerto Rico, cuyo aislamiento geográfico con respecto a Tierra Firme y su concentración de poderío militar habían impedido que se extendiera a ellas el movimiento libertador. Ello muy a pesar de que el Libertador Simón Bolívar incluyó en su agenda original para el Congreso Anfictiónico de Panamá en 1826 la propuesta de una fuerza expedicionaria para liberar a Puerto Rico. La continuada presencia de España en ambas Antillas se convirtió pues en un imperativo nacional de ese imperio.

La creciente importancia económica de Cuba y los vínculos de negocios azucareros de las más influyentes figuras de la clase política española, generaron un endurecimiento de las políticas represivas antiindependentistas que predominaron a lo largo del resto del siglo XIX incluso en aquellos breves lapsos en que despuntó el liberalismo en la península. Aunque por razón de su menor nivel de población y desarrollo económico Puerto Rico no era el foco principal de esa política, la obsesión por el control absoluto que España manifestó en Cuba fue replicada con igual esmero en Puerto Rico.

El influjo masivo de inmigrantes y capitales, no sólo de la península sino de españoles y criollos monárquicos que huían de las guerras de independencia en el continente, contribuyó también de manera decisiva a fortalecer los regímenes coloniales en ambas antillas y a hacer más difíciles las condiciones para el desarrollo de las ideas independentistas.

No obstante lo anterior, nada pudo detener lo inevitable: la gradual pero progresiva formación —tanto en Cuba como en Puerto Rico— de una conciencia nacional propia a partir de los múltiples factores geográficos, étnicos, sociales y económicos que fueron haciendo que *patria* en Puerto Rico ya no fuera España, sino Puerto Rico mismo.

La manifestación política de esa nueva conciencia nacional que se fue agudizando a lo largo de la segunda mitad del siglo XIX fue la creciente inconformidad de los puertorriqueños con el régimen colonial español. Esta inconformidad a su vez se fue expresando en el reclamo de diversos grados de gobierno propio que iban desde un tímido reformismo administrativo hasta un independentismo radical e intransigente.

La existencia de este último quedó dramatizada en un pueblo de las montañas de Puerto Rico cuando el 23 de septiembre de 1868 se produjo el *Grito de Lares*. Allí se proclamó con heroica y trágica fugacidad la República de Puerto Rico, apenas unos días antes del Grito de Yara, acontecimiento que en Cuba dio paso a la Guerra de los Diez Años, la primera guerra de independencia en ese país. La gesta patriótica de Lares, dirigida desde el exilio por el padre de la patria puertorriqueña, Ramón Emeterio Betances, fue crisol y matriz de la nacionalidad puertorriqueña y sentó las bases para futuras reivindicaciones sociales y económicas.

Si algo ejemplifica las muy distintas circunstancias en que se desenvolvían la Cuba rica y desarrollada, y el Puerto Rico pobre y aislado de la época es que la llama que no pudo sofocar España en Cuba apenas duró unos días en Puerto Rico cuando los insurrectos fueron aplastados y el movimiento libertador desarticulado y desmovilizado por una represión implacable y abarcadora.

Ante esas realidades, el movimiento independentista quedó debilitado y desarticulado por el resto del siglo XIX. La actividad política a favor del cambio se vio reducida, al menos en la dimensión pública, a un programa reformista que aspiraba al gobierno autonómico insular, a la igualdad de derechos con los españoles de la península, y a la participación plena de los puertorriqueños en la Cortes Españolas. Lo anterior no impidió, sin embargo, que independentistas puertorriqueños de la talla de Betances y de Eugenio María de Hostos continuaran desde sus exilios conspirando y luchando, no sólo por la independencia de Puerto Rico sino por la de Cuba. Proclamaron y promovieron a los cuatros vientos la necesidad de forjar una Confederación Antillana, idea que luego recogió el apóstol José Martí en la lucha para que nuestros pueblos caribeños enfrentaran juntos el ya evidente proyecto estadounidense de convertir el Caribe en un lago norteamericano.

Desde entonces el independentismo puertorriqueño ha estado siempre enmarcado en el antiimperialismo y en la solidaridad con los pueblos de América Latina y el Caribe frente a las políticas y las pretensiones hegemónicas de los Estados Unidos en nuestra América.

LA OCUPACIÓN NORTEAMERICANA

La invasión de los Estados Unidos a Puerto Rico en julio de 1898 fue militarmente innecesaria puesto que la Guerra Cubano Hispanoamericana ya había sido ganada por el Coloso del Norte aunque aún no se había producido la rendición formal. La decisión de invadir, por lo tanto, era el producto de una decisión política ya tomada de que, concluido el conflicto, los Estados Unidos habrían de conservar a Puerto Rico como una posesión colonial indefinidamente. Las exigencias geopolíticas y estratégicas del momento, particularmente las de asegurar el control del acceso al mar Caribe —que era la antesala del canal de Panamá cuya construcción era inminente— sellaron el futuro de Puerto Rico. Los vencedores de la Guerra exigieron y obtuvieron a Puerto Rico como botín de guerra de España en las negociaciones del Tratado de París del 1898. Huelga decir que los puertorriqueños ni participaron ni fueron consultados en forma alguna, ni por España, ni por los Estados Unidos. Dicho tratado estableció que la condición política y los derechos civiles de los puertorriqueños habrían de ser determinados por el Congreso de los Estados Unidos.

Igual que bajo España, la privilegiada localización geográfica de Puerto Rico lo destinaba a ser un bastión militar, esta vez para la joven potencia emergente. Franklin Roosevelt, más tarde presidente de Estados Unidos, le llamó "la Gibraltar del Caribe", evocando así la caracterización tradicional española de Puerto Rico como "la llave de las Indias".

La ocupación del territorio por tropas estadounidenses y el período de gobierno militar que duró desde 1898 hasta el 1900, encontró a un país hastiado del régimen colonial español que si bien había aprobado poco antes de la invasión una Carta Autonómica para Puerto Rico, lo había hecho únicamente en un desesperado intento por apaciguar la lucha por la independencia que se daba en Cuba y evitar que se extendiera a Puerto Rico. La ausencia de buena fe o de genuino propósito de enmienda por parte de España era evidente para todos. La población en general, y la clase política, vio pues con buenos ojos el fin del régimen español. También valoró positivamente las perspectivas de una relación con los Estados Unidos que permitiera el desarrollo de la agricultura y la industria –principalmente la azucarera– al posibilitarse el acceso irrestricto y sin barreras arancelarias al mercado de los Estados Unidos, que desde hacía décadas se había convertido en el principal destino de nuestras exportaciones de azúcar.

EL NUEVO RÉGIMEN COLONIAL

En un país donde no ya los independentistas, sino incluso tímidos reformistas, habían sido sistemáticamente perseguidos y reprimidos por las autoridades, y donde el más prominente organizador sindical se encontraba en un calabozo al momento mismo del desembarco de las tropas estadounidenses, también existía la esperanza generalizada de que Estados Unidos acataría la voluntad de los puertorriqueños con respecto a su futuro político y pondría fin, en un tiempo razonable, a cualquier tutela colonial.

Algunos, en la ilusión del momento, deslumbrados por la

reputación democrática y progresista de los Estados Unidos, y sin advertir amenaza alguna a la integridad de su identidad cultural, simpatizaban con la idea de que Puerto Rico fuera incorporado como un estado más de la Unión norteamericana. Muchos de éstos todavía cultivaban el mito de que los Estados Unidos, con un ordenamiento constitucional que otorgaba una gran autonomía administrativa y política a los estados miembros, era una "república de repúblicas" en la cual Puerto Rico podía lograr las aspiraciones autonómicas y de igualdad jurídica que España siempre le había negado. En esto se correspondían exactamente con la fuerte corriente dentro del independentismo cubano que desde mediados de siglo XIX veía en el logro de la independencia frente a España el paso previo a la anexión política a los Estados Unidos.

Otros en Puerto Rico vieron en la salida de España la posibilidad del camino hacia la independencia con un trato aduanero preferencial para las exportaciones del país que evitara el aislamiento económico que había supuesto la desvinculación política con España. La complementariedad entre el potencial económico de Puerto Rico y la economía de los Estados Unidos era evidente, como lo era también en el caso de Cuba. Para los independentistas explotar provechosamente esa complementariedad no era en forma alguna contradictorio con la soberanía política.

Otros, resignados ante la nueva situación y abrumados por el expansionismo estadounidense, no estaban dispuestos a forzar una solución. Preferían favorecer un gobierno civil autónomo que sustituyera de inmediato al gobierno militar y en el cual se le reconociera plena responsabilidad a los puertorriqueños sobre su gobierno interno durante un período transicional hasta que las circunstancias maduraran y los puertorriqueños pudieran decidir su destino final.

Procesos muy similares, salvando las distancias, la época y los participantes, se habían dado en las luchas de independencia de principio de siglo XIX en la gran mayoría de las colonias españolas en América. Los movimientos de emancipación latinoamericana luego de la invasión napoleónica a España, oscilaron entre los que postulaban la anexión de los territorios de América como provincias de la Corona Española, hasta los que luchaban por la independencia.

Pero las optimistas expectativas de todos los sectores de la política puertorriqueña luego de la invasión norteamericana se fueron rápidamente estrellando frente a las realidades de la política colonial del nuevo amo.

La primera ley orgánica del Congreso de los Estados Unidos organizando un gobierno civil en Puerto Rico, la Ley Foraker de 1900, establecía tres principios fundamentales.

El primero, que Puerto Rico era una posesión de los Estados Unidos aunque no se hacía formar parte de esa nación, y que el Congreso tenía plena facultad para legislar sobre cualquier asunto concerniente a Puerto Rico. El segundo, que el gobierno de la isla estaría dirigido por un gobernador designado por el Presidente de los Estados Unidos (al igual que los magistrados del Tribunal Supremo insular y otros funcionarios claves del gabinete del ejecutivo) y que su órgano legislativo sería uno bicameral compuesto por una cámara baja de elección popular y una cámara alta compuesta por designados del gobernador. Ello aseguraba que no pudiera siquiera llegar ante la firma del gobernador un proyecto de ley que no contara con su beneplácito. El tercer principio estatuido en la Ley Orgánica establecía que luego de un breve período transicional, el comercio sería libre de aranceles entre los Estados Unidos y Puerto Rico. Esta inclusión forzada de Puerto Rico dentro del sistema arancelario y aduanero de los Estados Unidos, junto a la introducción del dólar americano (luego de imponerse una tasa de cambio confiscatoria a la moneda española en circulación), creó las condiciones para una relación de dependencia y vasallaje económico que persiste hasta el presente. Por último, se determinó que el sostenimiento económico del gobierno de Puerto Rico sería sufragado por los ingresos que recaudara el propio gobierno insular.

Aunque se debatió la posible extensión de la ciudadanía estadounidense a los puertorriqueños, esta propuesta no encontró apoyo en un Congreso norteamericano que no se sentía forzado constitucionalmente a otorgarla puesto que Puerto Rico no se hacía formar parte de los Estados Unidos como ocurrió con los territorios contiguos previamente adquiridos y el de Hawái anexado en 1898, donde los nativos habían sido reducidos a una pequeña minoría de la población de esas islas del Pacífico. Por el contrario, Puerto Rico al igual que Filipinas habían sido cedidos por España a Estados Unidos como consecuencia de la Guerra del 1898, y por ende serían meras posesiones norteamericanas sujetas al poder plenario del Congreso.

El desencanto y la frustración de los puertorriqueños ante el carácter descarnadamente colonial de la Ley Foraker, y ante la evidente negativa de los Estados Unidos a propiciar proceso alguno que condujera a la descolonización, fueron generando un consenso a favor de la independencia dentro del Partido Unión de Puerto Rico el cual había sido ampliamente mayoritario desde principios del nuevo siglo. Este partido, que desde sus inicios había postulado como aceptables tanto la independencia como la anexión y la autonomía, compareció a las elecciones de 1914 con la independencia como aspiración final única y triunfó aplastantemente. Su más brillante dirigente, José de Diego, quien presidía la cámara de elección popular, era no sólo un ferviente independentista sino un propulsor de la idea de la Federación Antillana que contemplaba la futura unión política de Cuba, Santo Domingo y Puerto Rico engarzando así con el ideario de los próceres de Puerto Rico y Cuba, Betances y Martí.

LA IMPOSICIÓN DE LA CIUDADANÍA NORTEAMERICANA

La reacción de los Estados Unidos a esta consolidación mayoritaria de la opinión pública puertorriqueña en apoyo a la independencia no se hizo esperar. Se comenzó la discusión en el Congreso norteamericano sobre una nueva ley orgánica que habría de ampliar, aunque marginalmente, la participación de los puertorriqueños en el gobierno de la isla, a través de convertir la cámara alta en una que también sería de elección popular pero conservando intactos los poderes del gobernador designado por el Presidente al igual que los poderes plenarios del Congreso de los Estados Unidos.

Lo más significativo de lo que sería la Ley Jones de 1917 fue que, por encima de la objeción de la Cámara de Delegados de Puerto Rico —controlada por el ala independentista del Partido Unión de Puerto Rico— dicha ley impuso a los puertorriqueños la ciudadanía norteamericana[1] sin alterar la condición de posesión territorial sujeta al poder plenario del Congreso. Con la aprobación por el Congreso de la Ley Jones de 1917, Puerto Rico continuaba tan colonia como antes y sujeta a los poderes omnímodos del gobierno de los Estados Unidos en el cual, por supuesto, los puertorriqueños no tenían participación de clase alguna.

En contraste con este trato a Puerto Rico el Congreso adoptó también una Ley Orgánica para las Filipinas en el 1916. En el caso de esta otra posesión, lejos de extender la ciudadanía norteamericana, el Congreso expresó su intención de concederle la eventual independencia luego de un período preparatorio prolongado.

La imposición de la ciudadanía estadounidense a los puertorriqueños constituyó la prueba fehaciente de que la voluntad de los Estados Unidos con respecto a Puerto Rico en ese momento era establecer un régimen colonial a perpetuidad. Se pretendía con la ciudadanía crear un vínculo inquebrantable con Puerto Rico, a la vez que la insistencia en que ello no lo incorporaba como parte de los Estados Unidos, dejaba meridianamente establecido que la posible anexión futura de Puerto Rico como estado de la unión —que históricamente siempre había sido precedida por la incorporación territorial— estaba descartada.

En 1922 el Tribunal Supremo de Estados Unidos habría de confirmar, en una histórica decisión por voz del Juez Presidente

---

[1] Para un análisis a fondo del tema de la ciudadanía véase Rubén Berríos Martínez, **Nacionalidad, Ciudadanía y Nacionalidad Dual: La Ciudadanía Americana y Puerto Rico**, págs. 99-168 *infra*.

William Howard Taft (también ex-Presidente de los Estados Unidos y ex gobernador de Filipinas) la condición de Puerto Rico como mera posesión de los Estados Unidos. Esta sigue siendo hoy la interpretación constitucional definitiva con respecto al tema. Taft dictaminó que la incorporación de Puerto Rico como parte de los Estados Unidos precisamente por ser un paso previo a la anexión como estado, no podía presumirse por inferencia —es decir por la mera extensión de la ciudadanía— particularmente cuando se trataba de un territorio poblado por gentes de lengua y cultura diferentes.

La trascendental decisión política estadounidense encarnada en la Ley Jones del 1917 con la imposición de la ciudadanía que pretendía cerrar las puertas a la independencia sin abrir las de la anexión era una condena a la cadena perpetua colonial. Fue el resultado de la misma política estimulada por la Primera Guerra Mundial que llevó a los Estados Unidos a practicar un intervencionismo sin precedentes en la región caribeña ante la amenaza de que ese conflicto pudiera inducir a Francia y a Alemania a la búsqueda de nuevos enclaves militares en el Caribe. Durante esos años Estados Unidos ocupó a Haití (1915) y a la República Dominicana (1916), intervino en Cuba (1917) como lo había hecho ya en Nicaragua (1912) y adquirió por compra a las Islas Vírgenes danesas (1917). La idea de independizar a Puerto Rico en esas circunstancias resultaba inconcebible para una potencia empeñada en ejercer plena hegemonía en un área estratégicamente vital, aún al precio de ocupar militarmente a algunos países ya independientes. Dicha política iniciada por los Estados Unidos desde el siglo XIX, habría de convertir la historia de Centroamérica y el Caribe durante el siglo XX, en variaciones del tema de la dependencia, del cual Puerto Rico es su caso extremo.

Mientras los Estados Unidos reafirmaba mediante la Ley Jones su proyecto político colonial en Puerto Rico, su estrategia se veía complementada por el estado de postración y extrema dependencia económica en que se encontraba la isla. El principal efecto del régimen de comercio sin barreras arancelarias con los

Estados Unidos inaugurado a principios de siglo había sido el acaparamiento de las más valiosas tierras agrícolas de Puerto Rico por parte de los grandes "trusts" azucareros norteamericanos. Estos convirtieron a Puerto Rico en una gran plantación perteneciente a capital ausentista de la cual dependía la economía insular y que sólo podía sobrevivir, debido a sus altos costos de producción, en virtud del mercado protegido a precios preferentes que sólo podía proveer, en aquel momento, la relación colonial.

Esta aplastante y agobiante realidad económica y la amenaza permanente de que con la independencia se cerraría de un portazo el acceso preferente de Puerto Rico al mercado estadounidense llevando al colapso a la economía de la isla, aisló a los independentistas puertorriqueños —golpeados ya por la muerte de de Diego al poco tiempo de aprobada la Ley Jones— y llevó a muchos puertorriqueños a una fatalista resignación colonial. Muchos creyeron que en Puerto Rico la libertad y la sobrevivencia eran incompatibles.

ALBIZU CAMPOS Y EL DESPERTAR DE LA CONCIENCIA NACIONAL

La Gran Depresión Económica a partir de 1929 y los consiguientes disloques en la estructura económica de Puerto Rico, dejaron al desnudo la vulnerabilidad económica del régimen colonial, desacreditando el modelo del monocultivo azucarero ante los ojos del país. Es entonces que bajo el liderato esclarecido de don Pedro Albizu Campos, el último libertador de América, heredero del pensamiento de Betances y de De Diego, resurgió con más fuerza que nunca el independentismo puertorriqueño con la entrada en escena del Partido Nacionalista de Puerto Rico. Don Pedro, quien en los últimos años de la década del 20 había hecho una peregrinación política por varias capitales latinoamericanas recabando la solidaridad de sus pueblos y sus gobiernos con la causa de la independencia de Puerto Rico, revolucionó la política puertorriqueña a partir de 1930 poniendo una vez más como tema central del debate público la urgencia de la descolonización recogida en su frase: *"Está sobre el tapete la suprema definición, yanquis o puertorriqueños"*

El principal partido político de Puerto Rico en la década del 30, el Partido Liberal (sucesor del viejo Partido Unión) retomó la propuesta de independencia en su programa. Incluso el tradicional partido anexionista se vio obligado a incluir la alternativa independentista en su oferta política en el caso de que Estados Unidos no aceptara la anexión como estado de la unión.

Desde mediados de la década del 30, los Estados Unidos, advertido de la inminencia de otro conflicto bélico a escala mundial en que Puerto Rico sería más importante que nunca como bastión militar, respondió al renacimiento del independentismo promovido por Albizu Campos con tres estrategias coordinadas.

En primer lugar le declara la guerra al nacionalismo obligando a éste a la defensa propia. Las matanzas, las provocaciones, y la persecución por parte de la autoridad colonial encabezada por un gobernador norteamericano, general del ejército, casi llevaron al extermino político al Partido Nacionalista durante la década del treinta. Esta estrategia culminó con el encarcelamiento por parte del gobierno de los Estados Unidos de don Pedro Albizu Campos y del liderato nacionalista y con el asesinato de 21 nacionalistas desarmados, y 102 heridos durante un desfile pacífico del Partido Nacionalista en la ciudad de Ponce en 1937. Este acontecimiento ha pasado a la historia puertorriqueña como la *Masacre de Ponce*. El encarcelamiento de don Pedro Albizu Campos en prisiones norteamericanas se prolongó por años hasta que Estados Unidos logró reconsolidar su hegemonía colonial una década más tarde.

La segunda estrategia estadounidense para enfrentar el renovado y masivo apoyo popular del reclamo independentista fue la de iniciar una nueva política de asistencia económica al gobierno y a la población indigente del país a través de la extensión a Puerto Rico de los más importantes programas sociales y de desarrollo económico del llamado *Nuevo Trato* del Presidente Franklin Roosevelt. Dicha subvención tenía el propósito de que los puertorriqueños reconsideraran su rechazo al régimen colonial y que se generara una nueva plantilla de políticos reformistas que se convirtieran en portavoces de las virtudes del nuevo colonialismo "ilustrado" que reconocía la necesidad de ciertas reformas, incluso políticas.

La tercera estrategia, concurrente con las primeras dos, consistió en advertirle al país que si bien la independencia podía ser una opción para Puerto Rico esta conllevaría, además del cierre virtual del mercado de los Estados Unidos a los productos de Puerto Rico, el cese de toda forma de asistencia económica. Esta tercera estrategia fue dramatizada con la presentación en el Congreso Norteamericano en 1936 de un proyecto de ley redactado por la Casa Blanca (el primer Tydings) en el cual se pormenorizaban las consecuencias cataclísmicas que supuestamente tendría para Puerto Rico la independencia.

EL ESTADO LIBRE ASOCIADO: "LA ESCLAVITUD CON UNA CADENA LARGA"

Las tres estrategias combinadas tuvieron el efecto deseado. Encarcelados don Pedro y sus colaboradores, y abierto el grifo de los programas de asistencia del gobierno federal, un grupo de jóvenes dirigentes políticos encabezados por Luis Muñoz Marín, quien en aquel entonces era un connotado líder independentista, cosecharon la siembra política de don Pedro. Fundaron en el 1938 el Partido Popular Democrático (PPD) y alcanzaron el poder político en 1940 bajo el lema *Pan, tierra y libertad* comprometidos con reclamar la independencia cuando concluyera la Guerra Mundial en que la entrada de los Estados Unidos era inminente. Ya anteriormente Muñoz había descartado la alternativa de la autonomía por considerarla "la esclavitud con una cadena larga".

Sin embargo, en 1945, apenas cinco años después, cooptado por el gobierno de los Estados Unidos en el umbral de la guerra fría, Muñoz Marín, a instancias y con el apoyo político y económico de Washington, completó un giro de 180 grados. Temeroso de perder ese apoyo y seducido por la promesa de que habría de crearse para él la posición de gobernador electivo, Muñoz repudió la independencia y transfirió su apoyo y su patronazgo a un proyecto reformista diseñado en Washington que dejaba intacta la base de la colonia. Una vez más prevalecieron los intereses geopolíticos y militares de los Estados Unidos.

El 25 de julio de 1952, se proclamó el mal llamado Estado Libre Asociado el mismo día en que 54 años antes, los Estados Unidos habían invadido la isla. La elección de esta fecha fue un grotesco intento de borrar de la memoria histórica de los puertorriqueños el día de la conquista norteamericana.

El Partido Independentista Puertorriqueño (PIP) fue fundado en 1946 por don Gilberto Concepción de Gracia precisamente como reacción a la claudicación de Muñoz Marín. Desde entonces junto con otras formaciones históricas como el mismo Partido Nacionalista, el extinto Movimiento Pro Independencia después Partido Socialista Puertorriqueño y otros —algunos de los cuales optaron luego de la década del 60 por la acción directa tanto en la isla como Estados Unidos— han llevado la carga de la lucha por la independencia de Puerto Rico desde la post-guerra en las más difíciles condiciones. Aún cumplen condena en los Estados Unidos Oscar López, Haydee Beltrán y Carlos Alberto Torres, quienes han estados en prisión por más de 29 años por acciones relacionadas con la lucha por la independencia. Tan recientemente como el año 2005 Filiberto Ojeda Ríos, líder del grupo *Los Macheteros*, luego de años en la clandestinidad fue asesinado por el FBI en su propia casa.

El Estado Libre Asociado, puesto en marcha por Washington y que prevalece hasta el día de hoy, ha sido siempre puro maquillaje y cínico operativo de relaciones públicas. Aparte de la reforma que autorizó la elección popular del gobernador (que había sido aprobada ya en 1947), nada hay en la ley norteamericana de 1950, que enmienda la ley orgánica Jones de 1917 y autoriza la creación del ELA, que amplíe el ámbito de autoridad del gobierno colonial o que reduzca el poder del Congreso de los Estados Unidos para legislar sobre el territorio de Puerto Rico. El Congreso de los Estados Unidos meramente autorizó a los puertorriqueños a redactar una constitución para el gobierno interno de la colonia, sujeto a la aprobación del Congreso. Llana y sencillamente se trató de un ejercicio para pretender justificar el colonialismo a través de un espurio consentimiento.

Luego de la creación del ELA, la legislación federal norteamericana continua aplicándose en Puerto Rico al libre arbitrio del Congreso, sin ingerencia de clase alguna por parte de los puertorriqueños. Todas las áreas fundamentales de la vida colectiva de Puerto Rico siguen en manos de las autoridades estadounidenses incluyendo aduanas, comunicaciones y telecomunicaciones, moneda y banca, comercio exterior, inmigración, ambiente, relaciones laborales y salarios, entre otras muchas.

El gobierno de los Estados Unidos, que es en propiedad un gobierno extranjero en Puerto Rico, no sólo legisla para Puerto Rico a su antojo, sino que tiene en Puerto Rico su propia policía federal (*FBI*), su fiscalía, y sus tribunales, todos compuestos por funcionarios de ese gobierno que no responden al gobierno de Puerto Rico y que en las áreas de su abarcadora jurisdicción prevalecen sobre cualquier legislación colonial y sobre los funcionarios del gobierno de Puerto Rico. Y lo que es más abusivo aún, el gobierno norteamericano tiene el poder para imponer un tributo de sangre a la juventud puertorriqueña mediante la imposición de la ley de servicio militar obligatorio que le ha costado la vida a miles de puertorriqueños. A partir de la creación del Estado Libre Asociado en el 1952, no sólo no ha habido incremento alguno en las limitadas facultades del gobierno colonial sino que la contínua expansión de la autoridad del gobierno federal en virtud de la aplicación de nuevas leyes adoptadas por el Congreso ha ido menguando aún más el ya reducido ámbito de gobierno propio.

De lo que no cabe duda es que, ante los procesos de descolonización de las post guerra el operativo de relaciones públicas norteamericanas que fue el Estado Libre Asociado cumplió en gran medida por muchos años su engañoso propósito no sólo en gran parte del mundo sino en el propio Estados Unidos, e incluso en Puerto Rico mismo. Esto fue posible debido a varios factores.

REPRESIÓN DEL INDEPENDENTISMO

En primer lugar la creación del Estado Libre Asociado fue precedida y luego seguida por la campaña de represión y persecución del independentismo más intensa que ha conocido la historia de Puerto Rico. Esa campaña de los gobiernos del Partido Popular bajo el liderato de Muñoz Marín (y luego continuada bajo gobernadores subsiguientes) fue llevada a cabo bajo el auspicio y con la colaboración activa de las autoridades estadounidenses. La misma, se ha caracterizado por no limitarse a combatir a aquellos independentistas que confrontaban, mediante la lucha armada al régimen colonial o al gobierno de los Estados Unidos, sino que penalizaba a todos los independentistas por el mero hecho de ser independentistas.

Mientras los Estados Unidos se vanagloriaba de la existencia de una supuesta democracia en el Estado Libre Asociado, bastaba que alguien fuera independentista o que enarbolara la bandera de Puerto Rico en su hogar para que se le tratara como a un elemento antisocial y se le hiciera objeto de hostigamiento policial, discrimen en el empleo público y privado, y en su derecho a obtener servicios públicos en igualdad de circunstancias con los demás ciudadanos.

No fue hasta 1989 que el Tribunal Supremo de Puerto Rico, luego de un largo proceso y frente a la férrea oposición del gobierno colonial, se vio forzado finalmente a declarar ilegal la práctica policiaca de mantener expedientes secretos sobre más de ciento treinta y cinco mil independentistas por razón de su ideología política quedando así confirmadas las denuncias de persecución y discrimen sistemático que venía señalando el independentismo por más de medio siglo, y que, sin duda, continúan aún. Esta decisión judicial, por supuesto, no obligó –ni podía obligar– al FBI a suspender sus propias prácticas persecutorias que persisten hasta el día de hoy.

Esta reanudación de la represión que tenía su precedente inmediato en la década del 30, cuando se intentó eliminar al Partido Nacionalista, tuvo su relanzamiento en 1946 a partir de la fundación del Partido Independentista Puertorriqueño de cara a las elecciones de 1948. Su herramienta principal fue la infame *Ley de la Mordaza* que criminalizaba las expresiones de apoyo a la independencia como conducta sediciosa. El eximio poeta puertorriqueño del siglo XX, don Francisco Matos Paoli, por ejemplo, fue condenado a 20 años de prisión por el delito de pronunciar 4 discursos donde abogaba por el derecho de Puerto Rico a la lucha armada como medio para su liberación.

Dicha ley se utilizó como instrumento para tratar de eliminar de una vez y por todas al Partido Nacionalista, de impedir la inscripción electoral del Partido Independentista Puertorriqueño y hostigar y estigmatizar a sus miembros. A pesar de la feroz represión en su contra dirigida por un Muñoz Marín temeroso de perder las elecciones, el PIP se convirtió en la segunda fuerza electoral y en los comicios del 1952 obtuvo una nutrida representación legislativa.

Al mismo tiempo que el PIP alcanzaba su momento de mayor auge electoral, el Partido Nacionalista —revigorizado por el retorno de Albizu Campos de prisión— organizó en 1950 una heroica insurrección en el pueblo de Jayuya y en varios otros pueblos, que patentizó el rechazo a la infamia de pretender esconder al colonialismo tras el manto del consentimiento popular.

Como parte de la gesta insurreccional dos nacionalistas puertorriqueños atacaron la Casa Blair en Washington donde se encontraba residiendo el presidente Truman. Uno de los atacantes, Griselio Torresola fue muerto en el acto y el otro, Oscar Collazo, fue herido y luego encarcelado en una prisión de los Estados Unidos donde purgó una condena de más de veinticinco años.

Las represalias que siguieron a la insurrección del Partido Nacionalista se extendieron a todos los independentistas e incluyeron los arrestos de miles de dirigentes y militantes del Partido Independentista, el cual había expresado su solidaridad con el Partido Nacionalista y había condenado al gobierno de los Estados Unidos y al gobierno colonial como los responsables por el derramamiento de sangre. El gobierno colonial encarceló una vez más a don Pedro Albizu Campos quien habría de permanecer en prisión, sujeto a torturas y abusos, hasta prácticamente el momento de su muerte en 1965.

En 1954, algunos años más tarde de la insurrección de Jayuya, en un intento por desenmascarar ante el mundo la maniobra diplomática de los Estados Unidos en la ONU para excluir a Puerto Rico de la lista de territorios dependientes, un comando nacionalista integrado por Rafael Cancel Miranda, Irving Flores, Andrés Figueroa Cordero y dirigido por una patriota ejemplar, doña Lolita Lebrón, protagonizaron un hecho revolucionario e inédito en la historia de los Estados Unidos al abrir fuego en el hemiciclo de la Cámara de Representantes del Congreso norteamericano. Condenados de por vida y encarcelados en las más deplorables y restrictivas condiciones, rehusaron por años un perdón condicionado, hasta que la virtual unanimidad de la opinión pública en Puerto Rico, y las generosas y secretas gestiones diplomáticas del Gobierno de Cuba forzaron al gobierno de los Estados Unidos a otorgarle la libertad sin restricciones, luego de más de veinticinco años de prisión.

Estas históricas y valerosas gestas del Partido Nacionalista que le recordaron al mundo la persistencia del colonialismo en Puerto Rico, fueron usadas —como se ha señalado— como pretexto para recrudecer la persecución y la represión contra el Partido Independentista Puertorriqueño, a pesar de que éste estaba comprometido con la lucha cívica y electoral y no era partidario de la lucha armada en aquellas circunstancias.

Una de las consecuencias de esta política de criminalización del independentismo fue la emigración a los Estados Unidos de miles de militantes independentistas ahogados por la persecución en su propia tierra, lo cual agudizó el debilitamiento de la capacidad de convocatoria electoral del PIP generada por la represión. A partir de los años 60 la violencia represiva del régimen se extendió a las nuevas agrupaciones independentistas que surgieron al calor del triunfo de la Revolución Cubana

EL NACIONALISMO CULTURAL

El segundo factor que explica la consolidación del colonialismo estadolibrista radicó en el manejo demagógico del nacionalismo cultural combinado con el cultivo de una nueva imagen de personalidad política propia. Desde la legalización del uso público de la bandera de Puerto Rico (antes prohibida por ser estandarte independentista) como una de las dos banderas oficiales del Estado Libre Asociado junto a la de los Estados Unidos, hasta la defensa del idioma español y la promoción oficialista de las manifestaciones artísticas y artesanales, los gobiernos del ELA bajo el Partido Popular durante los últimos 50 años exudaban *puertorriqueñidad.*

Esa política dirigida a cooptar y a extirpar de raíz el independentismo hubiera logrado su propósito de no haber sido por el liderato visionario y sacrificado del fundador y entonces Presidente del PIP, don Gilberto Concepción de Gracia, y el heroísmo, la dedicación, y la constancia que han sido características de los independentistas que durante los años más difíciles supieron resistir tanto la intimidación como la seducción del régimen. No obstante, los enemigos de la independencia estuvieron cerca de lograr su propósito.

Por mucho tiempo la capacidad de los gobiernos coloniales de jugar la carta del criollismo populista –apoyados públicamente por un trato deferente por parte de los gobiernos en Washington y algunos de sus aliados internacionales– les permitió esconder y disimular la condición real de subordinación e inferioridad política de Puerto Rico, y persuadir a muchos puertorriqueños de que el Estado Libre Asociado era una condición que no era tanto colonial como "especial". Insistían con presuntuoso desdén los políticos colonialistas "¿de qué le ha servido a los países latinoamericanos su independencia?".

A partir de 1952 no fueron pocos los simpatizantes de la independencia que presionados por la represión y el discrimen, y atraídos por la retórica del nacionalismo cultural de pacotilla —unido al argumento de que el apoyo al ELA impedía el asimilismo político— trasladaron su apoyo al PPD convirtiéndose muchos en protegidos del régimen y tornándose, algunos de ellos, en encarnizados adversarios del PIP y de la independencia. Este fenómeno de lastimosa racionalización de la claudicación ha tenido desde entonces diversas manifestaciones y continúa dándose –aunque con creciente descrédito– hasta el presente.

CRECIMIENTO DEPENDIENTE

El tercer factor que explica el apoyo que por mucho tiempo disfrutó el colonialismo estadolibrista tuvo que ver con el crecimiento de la economía[2] de Puerto Rico desde la post guerra hasta la década de los 70. Durante ese periodo cerca de una tercera parte de la población de Puerto Rico emigró a los Estados Unidos, al tiempo que la industria manufacturera estadounidense, en busca de un paraíso contributivo con mano de obra barata y acceso libre al mercado del norte, descubrió a Puerto Rico e inventaron las *maquiladoras*.

La transformación de la economía agraria en una industrial y de servicios, con el consiguiente mejoramiento en los servicios públicos básicos de salud, educación e infraestructura llevó a muchos a creer la propaganda oficial de que la relación existente con los Estados Unidos era la clave del desarrollo y el camino más corto a la prosperidad. Aunque Puerto Rico sigue hoy siendo tan pobre, relativo a los Estados Unidos, como en 1952, para los que habían vivido —real o vicáriamente— la pobreza absoluta de un pasado no tan remoto, la multiplicación de los signos de la modernidad resultó deslumbrante. Por muchas décadas, y hasta tiempos recientes la opinión pública adoró al becerro de oro.

Cuando la pujanza del sector manufacturero de las *maquiladoras* comenzó a estancarse a partir de la década del 70, surgió un nuevo factor que es crucial para explicar la pervivencia del colonialismo estadolibrista. Se trata de la extensión masiva a Puerto Rico de diversos programas de asistencia social y económica del gobierno de Estados Unidos a los sectores marginados de la

---

[2] Para un tratamiento a fondo del tema económico *véase* Francisco Catalá, **La Economía de Puerto Rico: Del Enclave Colonial al Imperativo de la Independencia**, pág. 47 *infra*.

sociedad puertorriqueña. Estos programas, que en Estados Unidos estaban dirigidos al 10 por ciento de su población que vivía bajo el nivel de pobreza, al extenderse aunque fuera parcialmente a una sociedad donde alrededor del 50 por ciento está bajo dicho nivel, convirtieron la dependencia general de nuestra economía en una dependencia personal y concreta de la mayoría de puertorriqueños que ahora recibían subvenciones y pagos directos del gobierno de los Estados Unidos. En la medida en que el empleo manufacturero se reducía y el gran capital estadounidense se invertía en proyectos de manufactura sofisticada que generaba enormes ganancias pero pocos empleos, también se iba reduciendo la tasa de participación laboral, atrapando a cada vez más personas en una trituradora subcultura de marginación y pobreza financiada por la dependencia en los programas de Asistencia Federal, cortesía del colonialismo estadolibrista.

El nuevo arreglo colonial resultó tan eficiente como perverso. Mientras las corporaciones repatriaron de Puerto Rico ganancias netas por más de quinientos mil millones de dólares (USD 500,000,000,000) en los últimos 30 años, sin apenas pagar contribuciones al fisco de Puerto Rico ni al tesoro federal; los contribuyentes norteamericanos aportaban en el mismo periodo apenas una décima parte de esa cantidad en subsidios para la indigencia. Puerto Rico se convirtió así en una enorme lavandería de dinero para las corporaciones norteamericanas, virtualmente exentas de contribuciones tanto en Puerto Rico como en los Estados Unidos. Esta anómala situación estaba tarde o temprano destinada a llegar a su fin, como en efecto sucedió en 2005 (luego de una transición de 10 años) cuando la necesidad de una mayor recaudación para el tesoro de los Estados Unidos llevó al Congreso a eliminar los privilegios contributivos federales para las corporaciones norteamericanas establecidas en la isla.

A la luz de los factores anteriormente expuestos no es de extrañar por lo tanto que en Puerto Rico, al igual que sucedió durante las luchas de independencia en América Latina, el apoyo político explícito de la gran masa de la población a la causa de la independencia fluctuara a través del tiempo según las circunstancias, y que los vaivenes de la opinión pública responderán a las coyunturas y las exigencias de la cotidianidad económica y social.

En nuestro caso la creciente y envolvente dependencia de la población de los diversos programas de asistencia federal, la percepción de que la inversión de capital norteamericano sólo podía darse en el ELA, y la más absoluta incertidumbre con respecto a las consecuencias económicas de la independencia en tales circunstancias, explican el limitado apoyo electoral a la independencia a pesar de las simpatías y respeto que existe tanto por el ideal como por los que han luchado y luchan por él.

PUERTO RICO AISLADO DE LA AMERICA LATINA

El independentismo puertorriqueño particularmente durante la guerra fría tuvo que hacer frente a todo lo anterior, sumado al aislamiento internacional producido por una agresiva política exterior de los Estados Unidos que reprendía y penalizaba severamente cualquier muestra de solidaridad con la causa de la independencia.

Resultaba más fácil, incluso para muchos latinoamericanos, acoger los argumentos oficialistas de que el asunto de Puerto Rico era únicamente de la incumbencia de los puertorriqueños, o repetir el disparate de que Puerto Rico no era una colonia porque los puertorriqueños votaban a favor del régimen y no apoyaban electoralmente al independentismo olvidando que hablar de una colonia democrática es una contradicción en términos. Sólo por excepción se escuchaba a algún líder latinoamericano denunciar la realidad del coloniaje en Puerto Rico o exigir de los Estados Unidos una política de descolonización, o desenmascarar las intimidaciones y chantajes con que se manipulaba la opinión pública en Puerto Rico, o condenar la persecución del independentismo.

Rara vez se atrevía algún protagonista latinoamericano a afirmar que proclamaba su derecho a apoyar y favorecer la independencia para Puerto Rico por razones de principio, como podría cualquier socialista apoyar y favorecer el socialismo en

Francia independientemente de lo que en un momento dado pudiera ser la correlación de fuerzas en ese país. Después de todo, el apartheid surafricano no hubiera sido menos abominable porque hubiere tenido apoyo popular; entre otras razones porque debería presumirse que tal apoyo entre los africanos negros solamente podía haberse logrado a través de la manipulación, la intimidación, y el engaño. El consentimiento al colonialismo es, por definición, tan sólo aparente y es siempre producto de la coacción colectiva.

Este relativo silencio oficial de la América Latina sobre el colonialismo en Puerto Rico durante la guerra fría tuvo importantes excepciones en distintos momentos y es obligado el reconocimiento especial que hay que hacer en este respecto a la consistente política de solidaridad que, consecuente con los postulados martianos, ha conducido el gobierno de Cuba desde el triunfo de la revolución. Por otro lado, no podemos olvidar que de la misma manera que las presiones ejercidas por los Estados Unidos en Puerto Rico estaban dirigidas a suprimir el independentismo a toda costa, en el ámbito latinoamericano esas poderosas presiones iban dirigidas a desalentar cualquier expresión de sus gobiernos que pudiera interpretarse como una condena al colonialismo.

VIEQUES: "VIOLAR LA LEY DEL IMPERIO ES CUMPLIR LA LEY DE LA PATRIA"

A partir del final de la guerra fría, la relación entre Estados Unidos y Puerto Rico ha sufrido cambios fundamentales con respecto a las fuerzas que en los Estados Unidos habían promovido y sostenido el proyecto del colonialismo a perpetuidad para Puerto Rico.

El interés estratégico militar que fue el principal propulsor de la política colonial ha perdido su preeminencia en Puerto Rico. El golpe de gracia se lo dio el pueblo de Puerto Rico, en la isla municipio de Vieques, al unirse en desobediencia civil a la lucha para forzar la salida de la Marina de Guerra Norteamericana, que tenía allí su campo de tiro y entrenamiento. La punta de lanza de esa gesta fue el Partido Independentista Puertorriqueño y su líder Rubén Berríos Martínez, quien al instalarse en 1999 y permanecer por un año en el campo de entrenamiento impidiendo el bombardeo, desencadenó un proceso de amplio apoyo popular que llevó a la salida de la Marina de Vieques en el año 2003 y subsiguientemente al cierre de la base naval más grande de los Estados Unidos fuera de su territorio continental en Ceiba, en la parte oriental de Puerto Rico.

El encarcelamiento del presidente del PIP y de cientos de dirigentes y militantes de ese partido, así como de otros independentistas y otros puertorriqueños comprometidos con esa causa, negándose incluso, en el caso de los miembros del PIP, a levantar defensa de clase alguna en el tribunal de los Estados Unidos en Puerto Rico, conmovió la conciencia del país y de la opinión pública norteamericana e internacional y particularmente la de América Latina. La conducta de Rubén Berríos le valió la elección como Presidente Honorario de la Internacional Socialista a la cual ha sido reelecto por los subsiguientes congresos mundiales de la IS hasta el presente. La tesis del PIP respecto a la eficacia de la desobediencia civil en la lucha por la independencia, recogida hace 35 años en la frase de su Presidente *"Violar la Ley del Imperio es Cumplir la Ley de la Patria"*, tuvo en Vieques su máxima expresión. Ya anteriormente en el 1971 el Presidente del PIP, junto a doce compañeros había incursionado en el campo de bombardeo de la Marina en la isla municipio de Culebra, y había sido juzgado y encarcelado por ello. Rehusó defenderse impugnando la jurisdicción del Tribunal Federal −cuyo idioma oficial es el inglés− y en su alocución en español usó la frase citada. La Marina se vio obligada a cesar sus bombardeos en Culebra.

A la pérdida de interés militar por parte de los Estados Unidos se une el fin del ya mencionado régimen de privilegios contributivos en los Estados Unidos a las ganancias generadas por sus compañías en Puerto Rico. Esto significa que el gran capital norteamericano no tiene ya incentivo para ser promotor incondicional de la continuación del régimen colonial, puesto que ello ya no le reporta ningún beneficio adicional al que obtendría si Puerto Rico fuera un país independiente.

En todo caso hoy –en 2010– tanto la ya crónicamente estancada economía como la situación fiscal de la colonia se encuentran en franca bancarrota habiendo la primera caído en una profunda recesión desde el año 2006 (mucho antes de la crisis global de fines de 2008) y sin perspectiva alguna de mejoría, aún cuando el resto del mundo –incluyendo los Estados Unidos– van mostrando señales de recuperación.

Súmesele a lo anterior que en las últimas décadas se produjo un significativo crecimiento electoral de los estadoístas, quienes propulsan convertir a la isla en un estado de la Unión Americana. Este crecimiento, que ha sido producto del desgaste del modelo colonial estadolibrista y del natural atractivo para los marginados de una mayor y más abundante participación en los programas de asistencia económica a los indigentes que se recibirían bajo la estadidad, constituye una amenaza a los Estados Unidos. Esto es así porque una solicitud de anexión generada por la dependencia, la incertidumbre y la desesperación (y no por lealtad o identificación con respecto a la nación estadounidense) le plantearía un problema político de gran envergadura a una nación para quien la anexión de una nación latinoamericana sería un proyecto incontemplable.

La incorporación de Puerto Rico como estado de la Unión Norteamericana no sólo constituiría un factor disgregante en el cuerpo político y social norteamericano preocupado por la creciente fuerza de las minorías hispanas, sino que la fuerza política electoral de Puerto Rico sería mayor a la de 27 estados en la Cámara de Representantes de los Estados Unidos. Un país que ha recrudecido las restricciones para el ingreso de latinos a los Estados Unidos, que ha endurecido las penas a la inmigración ilegal y se plantea construir un muro en la frontera sur con México, mal podría optar por convertir a Puerto Rico en un estado de la Unión.

ESTADOS UNIDOS ANTE LA NUEVA REALIDAD

No debe sorprender que ante la fortaleza de la nacionalidad

puertorriqueña y la persistencia de su más genuina manifestación, un independentismo militante, sacrificado y respetado aún después de más de 110 años de colonialismo norteamericano, ante las nuevas condiciones en Puerto Rico y a partir de la caída del muro de Berlín y el colapso de la Unión Soviética, el gobierno de los Estados Unidos haya ido gradualmente revaluando su defensa del régimen colonial.

En el Comité de Descolonización de Naciones Unidas la resolución denunciando el colonialismo en Puerto Rico que Cuba venía tenazmente presentando desde la década del 70, frente a la férrea oposición de los Estados Unidos, se viene aprobando por consenso durante los últimos ocho años sin que el gobierno de Estados Unidos levante un dedo para impedirlo. El próximo paso ha de ser que el tema de Puerto Rico sea examinado por la Asamblea General para lograr allí una expresión definitiva y conseguir revertir la charada propiciada por los Estados Unidos en la ONU en 1953. Entonces ese país logró coaccionar a buena parte de la comunidad internacional consiguiendo el relevo de su obligación de informar a la ONU sobre Puerto Rico bajo el pretexto de que la isla había adquirido un grado suficiente de gobierno propio que justificaba su exclusión de la lista de territorios dependientes.

En noviembre de 2006 el PIP convocó un Congreso Latinoamericano y Caribeño por la Independencia de Puerto Rico que sesionó en Ciudad de Panamá bajo el auspicio del entonces Presidente de Panamá, Martín Torrijos, y con el apoyo tanto del Comité de América Latina y el Caribe de la Internacional Socialista como de la Conferencia Permanente de Partidos Políticos de América Latina y el Caribe (COPPPAL). Allí más de 33 importantes partidos políticos de 22 países emitieron una proclama comprometiendo sus esfuerzos y su solidaridad con la causa de la independencia de Puerto Rico. Se constituyó un Comité Permanente de Trabajo presidido por Rubén Berríos e integrado por un nutrido grupo de dirigentes latinoamericanos de talla continental.

El próximo año se logró que el Comité de Descolonización

de la ONU hiciera una solicitud específica a la Asamblea General para que este máximo organismo examine el caso de Puerto Rico. Desde entonces se han intensificado las intervenciones ante el Comité de Descolonización de gobiernos latinoamericanos y caribeños que no forman parte del mismo para expresar su solidaridad con las resoluciones unánimes sobre Puerto Rico adoptadas por el Comité. La solicitud a la Asamblea General se ha seguido reiterando por parte del Comité.

El cambio en la política tradicional de Estados Unidos de propiciar la perpetuación de la colonia en Puerto Rico quedó dramatizado cuando el Comité Interagencial de la Casa Blanca designado inicialmente por el Presidente Clinton y luego adoptado por el Presidente Bush para examinar la condición política de Puerto Rico concluyó, en diciembre del 2005, lo que venía argumentando el independentismo durante medio siglo, que Puerto Rico, seguía siendo una posesión territorial sujeta al poder plenario del Congreso. Además el Comité de Casa Blanca recomendó al Congreso que legislara un proceso que permitiera a los puertorriqueños ponerle fin a tal situación. La creación de este Comité había sido sugerida por Rubén Berríos al Presidente Clinton en una reunión en Casa Blanca en el año 2000. El informe de Casa Blanca de 2007 reitera las conclusiones del anterior con respecto al carácter territorial del status de Puerto Rico, y añade el reconocimiento de que el gobierno de Estados Unidos nunca le representó a Naciones Unidas en 1953 que los Estados Unidos hubiera renunciado a poder o autoridad alguna sobre Puerto Rico.

Aunque han habido varias iniciativas legislativas en el Congreso sobre el tema del futuro político de Puerto Rico desde entonces, ninguno ha logrado ser aprobado puesto que las mayorías congresionales rehúsan endosar un proyecto de votación sobre status en Puerto Rico cuyo lenguaje pudiera ser siquiera interpretado como que implica una oferta de anexión. Hay por lo tanto un impasse en el Congreso que es menester superar.

Estados Unidos ha avanzado en el reconocimiento formal de la condición de subordinación colonial de Puerto Rico pero no ha puesto en marcha aún un proceso que permita al pueblo de Puerto Rico ejercer su derecho inalienable a la libre determinación y la independencia. Aún no tiene los suficientes incentivos para hacerlo.

EL DESAFÍO PRESENTE Y FUTURO

Como he explicado, las condiciones objetivas están dadas. Las contradicciones entre los intereses de los Estados Unidos y su presencia colonial en Puerto Rico están sobre la mesa. La disfuncionalidad económica, social y política del colonialismo en nuestra patria está a la vista de todos. La insatisfacción en Puerto Rico es mayoritaria y manifiesta. Falta ahora que el Congreso de los Estados Unidos, y su gobierno, no puedan seguir soslayando y posponiendo el enfrentar con voluntad el cumplimiento de sus obligaciones descolonizadoras que ahora –repito– no están en irreconciliable conflicto con sus intereses tradicionales.

Pudiera ser que una iniciativa puertorriqueña por la vía de un plebiscito, o como preferiría el PIP, de una Asamblea Constitucional de Status entre alternativas reconocidas por el Derecho Internacional hiciera un reclamo de cambio político al Congreso de suficiente contundencia para que éste no pudiera evadir enfrentarlo. Las consecuencias de esa evaluación por parte del Congreso enrumbarían a Puerto Rico por el camino hacia la descolonización y la independencia, ya que ni la anexión ni la prolongación del desacreditado y quebrado régimen colonial ofrecen alternativas reales de futuro para los Estados Unidos ni para Puerto Rico, ni para la América Latina que hoy se vislumbra.

Hasta ahora la colonia había persistido en virtud de la coacción, el chantaje, y la represión ejercidos por los Estados Unidos, mientras que la anexión ha crecido artificialmente en virtud de la dependencia extrema y de la estigmatización oficial de la independencia; es decir, el colonialismo ha prevalecido siempre por confiscasión. Según se derrumben las bases falsas y artificiales que sustentaron el desarrollo tanto del colonialismo como del asimilismo las aguas de la opinión pública retornarán a su cauce natural del que fueron desviadas por la política imperial norteamericana. Se acerca pues la hora de la independencia.

Pero no podemos depender únicamente de los vaivenes de los procesos políticos en la colonia para vencer la inercia de un Congreso cuya inclinación institucional es hacia la prórroga eterna. Nuestra estrategia tiene que ser, por supuesto, estimular que esos procesos locales pudieran llegar a incidir sobre el Congreso y el Gobierno de los Estados Unidos, pero es imprescindible que redoblemos los esfuerzos por lograr que América Latina y el Caribe se conviertan en el gran interlocutor que llame a capítulo a los Estados Unidos sobre la necesidad de ponerle fin al coloniaje en Puerto Rico.

En ese sentido los desarrollos de estos últimos años en nuestra América son profundamente alentadores. Por encima de las inevitables discrepancias y conflictos es evidente que puede afirmarse en este año en que celebramos el bicentenario de los gritos de independencia en América Latina que todo apunta a la gradual consolidación de una trascendental conciencia de unidad continental y regional en nuestras tierras.

Este mismo año vimos indicios maduros en la Cumbre del Pacto de Río en Cancún que apuntan hacia una integración política institucional como sería la proyectada Comunidad de Estados Latinoamericanos y Caribeños, sin tutelas norteñas. Ese nuevo grito de independencia regional, ese reclamo de madurez histórica, inexorablemente reclamará también como parte de su propia independencia, la de Puerto Rico.

De la misma manera que la América Latina y el Caribe enteros –sin distingos ideológicos- se unió con una sóla voz para reclamar la devolución del Canal de Panamá al pueblo panameño, así lo hará también exigiendo nuestra descolonización. Igual ha de ser con respecto a los derechos de la Argentina sobre las Islas Malvinas. Habremos de verlo en los nuevos foros regionales y habremos de verlo en la Asamblea General de la Naciones Unidas.

He aquí pues un reclamo que no podrá ser ignorado o pospuesto por unos Estados Unidos que cada vez más tendrá que relacionarse con América Latina como un igual. He aquí la palanca que puede levantar la enorme losa colonial que pesa sobre esta nación latinoamericana y caribeña que es Puerto Rico. La unidad latinoamericana y su creciente independencia es pues clave para romper en el Congreso el impasse colonial. Después de todo la política de Estados Unidos hacia Puerto Rico ha estado siempre enmarcada y condicionada por su política hacia América Latina y el Caribe. Así ha sido desde antes de la invasión de 1898, y así necesariamente habrá de ser.

Luchar denodadamente en Puerto Rico para volcar la opinión pública contra el colonialismo, buscar las formas de estimular al Congreso y al Gobierno de Estados Unidos a enfrentar su responsabilidad descolonizadora, y movilizar a nuestra América para que complete su libertad auxiliándonos en lograr la nuestra: ese es el desafío. No albergo dudas sobre el triunfo final, será el triunfo de los grandes libertadores de América, será también el triunfo de Betances, de Hostos, de De Diego, de Albizu Campos, y de Gilberto Concepción de Gracia. Será el triunfo de la historia, de la justicia, y de la razón.

II

La economía de Puerto Rico: del enclave colonial al imperativo de la Independencia

Francisco Catalá Oliveras

La economía de Puerto Rico: del enclave colonial al imperativo de la Independencia

Más de medio milenio de coloniaje no es poca cosa. El desenvolvimiento institucional de Puerto Rico se ha realizado en el marco provisto por la subordinación colonial, primero bajo España y luego bajo Estados Unidos. Esto, claro está, ha impreso su sello particular en la política y en la economía del país y ha marcado la manera en que la mayoría de los puertorriqueños se perciben a sí mismos así como la visión que tienen del mundo que les rodea.

El colonialismo, como se sabe, no es exclusivamente un fenómeno político y económico. Su dimensión más insidiosa es la psicológica, rica en racionalizaciones y eufemismos. Así, la conquista militar se bautiza como cambio de soberanía, el tamaño geográfico se postula como prueba de indefensión, la dependencia se asume como virtud y la explotación se reinterpreta como privilegio. De igual manera, la extensión unilateral de la institucionalidad estadounidense a Puerto Rico (defensa, mercado, moneda y ciudadanía) cobra carácter de *común*. El crecimiento económico que, atrofiado a grado sumo, se cuaja en tal fragua institucional se confunde con desarrollo sano.

La miseria sembrada por el monocultivo azucarero y la hipertrofia asociada a éste puede estipularse. La que se da posteriormente –cuando el crecimiento económico aunque no se traduce en desarrollo sustentable sí exhibe rasgos de modernidad vinculados a los procesos de industrialización y urbanización– cobra matices perniciosos que para muchos no son claramente perceptibles.

Luego de varias décadas de agotamiento económico y de descomposición social persiste, aunque con más dificultad, el efecto mistificador del orden vigente, como si la realidad se viera a través de un velo que la altera. Por otro lado, como en todo proceso complejo y dialéctico, de esa misma realidad nace el sentido de identidad nacional y la gestión anticolonial. El propósito de este ensayo es ayudar a descorrer el velo y contribuir a enfrentar el ineludible reto que supone el desarrollo de un país.

I. DINÁMICA GLOBAL

En el año 1898 se inventó el rayón.[1] Lo que visto aisladamente podría parecer trivial, cobra particular importancia cuando se reconoce como parte de una revolución industrial que, con sus vaivenes y contradicciones, iniciará la configuración del siglo XX. Se estaba cuajando una fase de gran dinamismo económico acompañada de acomodos coloniales protagonizados por los europeos, que ya tenían parcelada a África, junto a nuevos actores como Rusia, Japón y Estados Unidos que intensificaban la competencia por sus respectivas "esferas de influencia".

El auge económico "mundial" que se inicia justo en el tránsito de un siglo a otro fue precedido por la *Gran Depresión* del siglo XIX, que se sitúa generalmente entre los años 1873 y 1895.[2] En estos años de crisis cobra fuerza el movimiento sindical, particularmente en Estados Unidos, Gran Bretaña, Francia y Alemania.[3] La actividad sindical tendrá como respuesta toda una serie

---

[1] Rondo Cameron, **A Concise Economic History of the World: From Paleolithic Times to the Present**, Oxford University Press, N.Y., 1993, pág. 333.

[2] Michel Beaud, **Historia del capitalismo: de 1500 a nuestros días**, Editorial Ariel, Barcelona, 1986, pág. 166.

[3] No pasemos por alto que durante este periodo la cuota de sangre es alta, como lo recuerda la conmemoración de la famosa huelga de mayo de 1886 en Chicago por la conquista de la jornada de ocho horas, que culminó con la ejecución de sus líderes.

de leyes sociales que, con las variaciones de rigor, se adoptarán en todos los países industriales. El papel pionero le corresponde a la Alemania de Bismarck, con leyes como las del seguro de enfermedad (1883), seguro de accidente (1884), seguro de vejez y retiro a los 60 años (1889). Éstas y otras leyes marcarán en buena medida el compás de las relaciones obrero-patronales durante el siglo XX.

Durante estos años se reubica el centro protagónico del sistema capitalista. El poderío de Gran Bretaña pierde terreno en la crisis de 1873-95. La dinámica industrial, comercial y financiera comienza a trasladarse hacia Estados Unidos y Alemania. Por ejemplo, en 1880 Gran Bretaña superaba la suma de la producción de carbón de Alemania y Estados Unidos. También los superaba en la producción de acero. En los primeros años del siglo XX tanto Alemania como Estados Unidos la aventajarán en ambos renglones.[4]

En las primeras décadas del siglo XX se gesta un nuevo perfil industrial en el que sobresale la industria automotriz, la energía eléctrica y toda una serie de bienes de consumo duradero. Esto requerirá una extraordinaria base infraestructural, lo que intensificará el papel del Estado como proveedor de servicios públicos. Para estos años en que nace el siglo XX comienza a cuajar la producción en masa para mercados grandes y homogéneos. Se vincula la producción con la generación de economías de escala y se impone el modelo de producción basado en líneas de montaje o trabajo en cadena. A su vez, el aumento en la capacidad productiva, con su corolario de uso extensivo de energía y recursos naturales, alimentará la búsqueda de mercados, lo que intensificará el comercio internacional. De hecho, la razón de las exportaciones e importaciones sobre el Producto Interno Bruto de los países industriales aumenta considerablemente durante este periodo. Alcanza su punto máximo en el año 1913.[5]

---

[4] Michel Beaud, Op. Cit, pág. 173.

[5] Véase Angus Maddison, **Monitoring the World Economy, 1820-1992**, OECD, Paris, 1995.

Luego, a partir de la Primera Guerra Mundial, se inicia una fase descendente.

Esta fase contraccionaria hace crisis en la década de 1930 con la *Gran Depresión* del siglo XX, que es la que siempre se cita cuando de ciclos económicos se trata. Como factores que sirvieron de caldo de cultivo a este fenómeno suelen citarse el resquebrajamiento del patrón oro y las políticas proteccionistas, particularmente de Estados Unidos, que se dan a lo largo de la década de 1920.[6] El comercio internacional se reduce y sobre bases relativas no vuelve a alcanzar el peso que tuvo antes de la Primera Guerra Mundial hasta las postrimerías del siglo en la década de 1990.

La Segunda Guerra Mundial genera un reordenamiento de fuerzas con importantes consecuencias. Europa pierde finalmente su hegemonía política y económica. En su lugar se establece la rivalidad de las *superpotencias*, Estados Unidos y la Unión Soviética. Nace la *Guerra Fría* y con ella la tensión provocada por la amenaza del *holocausto nuclear*. Se rearticula la división internacional del trabajo a la misma vez que se reconstruyen las economías devastadas por la guerra. La descolonización, la internacionalización del capital y las nuevas industrializaciones en el recién nacido Tercer Mundo imponen nuevos ritmos en el mundo económico. Del año 1948 al año 1971, las tasas de crecimiento de la producción industrial y del comercio mundial

---

[6] ¿Qué causó la Gran Depresión del siglo XX? Desde una óptica de largo plazo o de carácter secular Marx se refería a la anarquía inherente de las fuerzas del mercado. Por su parte, Schumpeter recurría al agotamiento de la dinámica innovadora que la precedió. A partir de éstas y otras visiones referentes al funcionamiento del capitalismo se invocan distintas causas: una reducción drástica en la cantidad de dinero en circulación o una reducción autónoma en los gastos de consumo e inversión con toda suerte de variables exógenas y endógenas que hacen del cuadro uno bastante complicado.

Quizás en lugar de intentar dar con una causa habría que admitir la conjunción de múltiples factores, monetarios y no monetarios, que al concatenarse de tal o cual manera producen tal o cual efecto. Pero la explicación a fondo de tal fenómeno trasciende nuestros propósitos. Lo que si es importante reconocer son sus consecuencias como, por ejemplo, el cambio gradual en la economía política y en la política económica (la llamada revolución keynesiana).

alcanzaron niveles sin precedente.[7] La producción en masa, con su contrapartida del consumo en masa, generaliza la llamada *revolución de las expectativas*, orientada por la creencia de que se ha llegado a la *tierra prometida* de la abundancia. Huelga aclarar que para la mayor parte de la humanidad sigue siendo eso: tierra prometida…

En estos años el andamiaje institucional es orientado a propiciar la estabilidad. De forma consciente, en buena medida como consecuencia de la *revolución keynesiana*,[8] se articulan políticas para promover altos niveles de demanda y empleo junto a toda una serie de prestaciones sociales que le darán forma al llamado "Estado Benefactor".

La extraordinaria expansión de la posguerra pierde vigor en la década de 1970. La fecha crítica, que ya ha asumido dimensión simbólica, es el año 1973, que pone fin a la era de petróleo barato. Del año 1973 al año 1980, cuando el petróleo y el gas natural constituían más del 60 por ciento de los insumos energéticos, el precio del barril del crudo aumentó de $3.00 a $30.00. El grueso de los países *en desarrollo* confrontó dificultades en sus balanzas de pagos, lo que los lanzó a un progresivo proceso de endeudamiento que sirvió de prólogo al estancamiento económico de la década de 1980, la llamada *década perdida*. Por su parte, los países industriales fueron sorprendidos con lo que se ha denominado *reflación* –contracción o estancamiento en la producción conjuntamente con inflación en precios–, lo que, con tasas de desempleo que desde la depresión de la década de 1930 no habían sido tan altas, colocó los instrumentos anticíclicos del keynesianismo en entredicho. El *neoliberalismo*, con sus consignas privatizadoras y desreguladoras, cobró gran popularidad.

---

[7] Para un registro de las tasas de crecimiento en distintas etapas del capitalismo véase Walt Whitman Rostow, **The World Economy, History and Prospec**t, University of Texas Press, 1978.

[8] La obra cumbre de John Maynard Keynes, **La teoría general de la ocupación, el interés y el dinero**, se publicó en medio de la Gran Depresión en el año 1936. Es eje de la teoría macroeconómica moderna y punto de referencia obligado cuando se trata de políticas de estabilización y estímulo.

El hecho de que se recurra a la explosión en los precios del petróleo como punto de referencia en la identificación de la inflexión económica no debe interpretarse como explicación de tal fenómeno. Caben explicaciones alternas. Con la recuperación de las economías de Europa y Japón se intensifica la competencia entre los centros industriales, lo que motiva la búsqueda e introducción de nuevas tecnologías (v. g. redes de computadoras, videocintas, videodiscos, fax, etc.) que no creemos exagerar si la catalogamos de revolución electrónica. Pero ésta, que permite mayor flexibilidad en los procesos de producción, entra en contradicción con la rigidez del sistema de producción en masa con que se inició el siglo XX.

La revolución electrónica, con los juegos de descentralización y de diversidad en escala que ésta permite, hace posible que los costos por unidad del producto se reduzcan no meramente en función del volumen de producción (i.e. las economías de escala asociadas a la producción en masa), sino en función de la diversidad del aparato productivo (i.e. las economías de alcance que permiten el uso de los instrumentos de producción para más de una función). Esto se traduce en talleres más pequeños, trabajos más complejos y variables, producción más individualizada, estilos de consumo más diferenciados, mayores posibilidades de participación del trabajador en la gestión del proceso productivo y nuevas estrategias corporativas.

Con el resquebrajamiento de la Unión Soviética se alteró el mundo bipolar de la Guerra Fría. El orden económico ha transitado hacia la multipolaridad en la que constituyen ejes centrales Estados Unidos, la Unión Europea, Japón y China. Esta última, con sus altas tasas de crecimiento de su Producto Interno Bruto, ha estado asumiendo un papel crecientemente protagónico. Otras economías "emergentes", como la de Brasil y la de India, también están dejando sentir su peso en la economía mundial.

En la primera década del siglo XXI han continuado proliferando los acuerdos comerciales regionales y bilaterales que caracterizaran las postrimerías del siglo XX. Justo con el comienzo del año 2010 se inició el mayor tratado comercial del mundo, rubricado entre China y los diez países de la Asociación de Naciones del Sudeste Asiático.

Los cambios tecnológicos, que permiten mayor diversidad del aparato productivo y que han transformado la transportación y las comunicaciones, junto a los cambios institucionales, orientados a la intensificación del comercio internacional, han alterado la concepción del tamaño de los países. La vieja lista de restricciones con que se asociaba a los países pequeños, como la carencia de una base amplia de recursos naturales, la modestia del mercado interno, las pocas posibilidades de sustitución de importaciones, la limitada capacidad para generar economías de escala, la dependencia de pocos mercados externos, la tendencia hacia estructuras de mercado monopólicos u oligopólicos, los altos costos de transportación y la dependencia de fuentes externas de financiamiento, ha perdido vigencia. Ahora se destacan sus posibilidades en función de la agilidad institucional, de la generación de economías de alcance, de la articulación de redes comerciales y de la reducción de costos de transacción y de costos asociados a la heterogeneidad de las preferencias vinculadas a las dimensiones geográficas o a las diferencias culturales.[9] No es casualidad que el número de países pequeños que se incluyen en el grupo de estados nacionales desarrollados sea creciente.[10]

Podría argüirse, salvando las distancias de rigor, que la primera década del siglo XXI tiene cierto parecido con los inicios del siglo pasado. Se intensifica el comercio internacional y se alteran las bases tecnológicas que sirven a la actividad económica. Por otro lado, la crisis financiera que se desató a partir de octubre de 2008 y que luego se tradujera en una recesión generalizada a lo largo del año 2009, ha demostrado los riesgos que implica la

---

[9] Para un extraordinario análisis sobre este particular refiérase a Alesina Alberto y La Ferrara Eliana, *Ethnic Diversity and Economic Performance*, **Journal of Economic Literature**, vol. 63, núm. 3, 2005, págs. 762-800. También véase Alesina Alberto y Spoloare Enrico, **The Size of Nations**, The MIT Press, Cambridge, 2003.

[10] Véase las estadísticas en **The World Bank, World Development Report 2010**, Washington D.C., págs. 378-379 y 388-389.

política neoliberal conducente a un mercado sin riendas. Por lo tanto, han resucitado las políticas de estímulo y estabilización económica inspiradas en el modelo keynesiano. Corresponde al Estado, recomienda ahora el Banco Mundial, garantizar una serie de objetivos sociales mediante un renovado énfasis en la reglamentación, la política impositiva, la planificación de largo plazo y la acción comunitaria.[11]

Puerto Rico es parte de la bola del mundo, decía José de Diego en los comienzos del siglo pasado. Y como tal, aunque más empujado por el viento y arrastrado por la corriente que como navegante, ha sentido el impacto de las fuerzas que le han dado forma a la economía global.

II. PRIMER ENCLAVE

El oficial norteamericano Alfred Thayer Mahan, considerado como un gran teórico naval del siglo XIX, postulaba que la grandeza nacional es función del poder naval. Por lo tanto siempre urgió el establecimiento de bases en el Pacífico y en el Caribe. Para Mahan el poder comercial se asentaba en un trípode compuesto por la marina mercante, las bases navales y las colonias.[12] De su mirilla no se escapó la importancia de un canal a través del istmo de Panamá ni de la ruta marítima que vincula al Océano Atlántico con el Mar Caribe, el estrecho de la Mona entre la República Dominicana y Puerto Rico. La culminación de la expansión continental de Estados Unidos junto al auge económico que se inicia durante la última década del siglo XIX constituyó un escenario muy propicio para el apoyo de tal visión política. La Guerra Hispanoamericana no podía tener mejor prólogo.

En las postrimerías del régimen colonial español, España suplía alrededor del 30 por ciento del valor de las importaciones de Puerto Rico. Estados Unidos proveía el 25 por ciento. Igual peso relativo tenían las importaciones que llegaban de Gran Bre-

---

[11] Ibid, págs. 330-331.

[12] Julius W. Pratt, **A History of United States Foreign Policy**, Prentice Hall, New Jersey, 1972, pág. 195-196.

taña y sus posesiones. El restante 20 por ciento correspondía básicamente a importaciones provenientes de Alemania, Cuba y Francia.[13] Alrededor del 40 por ciento de las importaciones eran alimentos. En el año 1897 los rubros más importantes fueron carne, bacalao y arroz. Entre los productos no agrícolas se incluían tejidos de algodón, productos de madera, hierro y maquinaria.

Por el lado de las exportaciones los mercados de mayor importancia para Puerto Rico eran España y Cuba. Entre ambos capturaban cerca del 50 por ciento del valor de las ventas. Para el año 1897 le seguían en orden de importancia, aunque con diferencias muy estrechas, Francia, los Estados Unidos y Alemania. El producto de exportación más importante era el café. El grueso de éste se exportaba a España y Cuba que, a su vez, reexportaban parte del mismo. Aunque anteriormente el azúcar había superado al café, al cierre del siglo había quedado rezagada y ocupaba un distante segundo lugar en el valor de las exportaciones. La mayor parte de las ventas de azúcar estaban destinadas al mercado de Estados Unidos.

Luego de la invasión militar estadounidense el cuadro económico se altera rápidamente. A Puerto Rico, como a tantos otros países y enclaves coloniales, le correspondió participar en el ciclo de auge de la economía global como proveedor de un bien primario, en este caso azúcar, en función de intereses metropolitanos. El dominio del capital norteamericano en el establecimiento del monocultivo cañero y las disposiciones de las leyes Foraker (1900) y Jones (1917), particularmente en lo que toca al sistema arancelario, rompieron con cualquier posibilidad de diversidad comercial. Ya para el año 1901 el 65 por ciento de las exportaciones se orientaban a los Estados Unidos y el 78.1 por ciento de las importaciones provenían de dicho país. En el año

---

[13] Harvey S. Perloff, **Puerto Rico's Economic Future, A Study in Planned Development**, The University of Chicago Press, Chicago, 1950, pág. 17-19. Para el detalle del comercio exterior en el año 1897 véase Henry K. Carroll, **Report on the Island of Porto Rico**, Government Printing Office, Washington D. C., 1899, pág. 152-155.

1930 dichas participaciones ascendieron a 95.5 y 87.1 por ciento, respectivamente.[14] Así comenzó el *mercado común*.

La producción de azúcar aumentó rápidamente. Mientras que durante los últimos años del régimen español el promedio anual era de 57,000 toneladas, al quinto año de ocupación norteamericana la producción alcanzó 200,000 toneladas. Para el 1930 se aproximó a las 900,000 toneladas.[15] El café, por su parte, comenzó su fase de decadencia debido a las restricciones de entrada al mercado europeo, que siempre fue su plaza principal. Los fenómenos naturales, como los huracanes San Ciriaco el 8 de agosto de 1899 y San Felipe el 13 de septiembre de 1928, tampoco fueron de ayuda a la actividad cafetalera.

El aumento vertiginoso en la producción de azúcar fue tanto extensivo como intensivo. El terreno dedicado al cultivo de la caña de azúcar aumentó de 72,146 acres al principio de la ocupación a 251,018 acres en el año 1930. Como proporción del total de área cultivada aumentó de 15 por ciento a 44 por ciento.[16] También se dio un proceso de modernización en función de la utilización de la tecnología más avanzada disponible. Se trataba entonces de un proceso de producción intensivo y *eficiente*. El rendimiento por acre en Puerto Rico era más alto que el de cualquier otro suplidor de los Estados Unidos, con la excepción de Hawái. Excedía al de Cuba en más de 50 por ciento.[17] La diferencia obedecía a que en Cuba y en otros países la actividad era menos intensiva, es decir, cubría más terreno.

Tal *eficiencia* no se tradujo en mejores contratos para los colonos ni en jornales más generosos para los trabajadores. Tampoco propició aumento en la responsabilidad contributiva para

---

[14] James Dietz, **Historia económica de Puerto Rico**, Ediciones Huracán, Río Piedras, 1989, pág. 137.

[15] Harvey S. Perloff, op. cit., pág. 28.

[16] Bailey W. Diffie y Justine W. Diffie, **Porto Rico: A Broken Pledge**, The Vanguard Press, New York, 1931, pág. 45.

[17] Harvey S. Perloff, op. cit., pág. 71-72.

el financiamiento de la gestión pública.[18] Se tradujo en rentabilidad: ganancias para corporaciones ausentistas.

La relación entre los colonos y las grandes centrales era una de subordinación. Los contratos estipulaban las condiciones de los préstamos, de la producción en la finca y del método de pago de tal forma que los intereses de la central quedaran salvaguardados ante unos agricultores que no estaban unidos y cuya zafra carecía de valor si no se molía. De hecho, la relación comenzó con muy *mal pie* ya que la tasa de conversión de 60 centavos por peso establecida por la ley Foraker constituyó una devaluación del peso que facilitó la adquisición de terreno por parte de las corporaciones norteamericanas y su dominio sobre agricultores carentes de crédito.[19] Así comenzó la *moneda común*.

Aunque el sentimiento de solidaridad entre la clase trabajadora se estaba forjando y se materializó en distintas organizaciones,[20] no era menos cierto que la abundancia de mano de obra y el poder de las compañías azucareras eran obstáculos formidables a las luchas reivindicativas. El jornal promedio de los trabajadores en las plantaciones azucareras de Puerto Rico era de 63 centavos al día en el año 1917, menor que el de Hawái, que era de 97 centavos, y que el de Cuba, que era de $1.26. Del año 1922 al 1930 se ubicó entre 74 centavos y $1.50 al día.[21]

Los aumentos en los precios y en las ganancias casi no se reflejaban en los salarios. Estos eran insensibles o inelásticos.[22] Esto agudizaba la precariedad de la capacidad adquisitiva de los

---

[18] Bailey y Justine Diffie, ibid., pág. 82.

[19] James Dietz, op. cit., pág. 108.

[20] Sobre este particular véase Gervasio García y Angel Quintero Rivera, **Desafío y Solidaridad, breve historia del movimiento obrero puertorriqueño**, Ediciones Huracán, Río Piedras, 1982.

[21] Bailey y Justine Diffie, ibid., pág. 86.

[22] Se estima que para el periodo comprendido entre 1913 y 1932 la elasticidad de los salarios respecto a los precios era de .09 (James Dietz, ibid, pág. 129). Esto significa que un aumento de $1.00 en los precios generaba un aumento de 9 centavos en los salarios.

trabajadores. La situación la dramatiza el estudio de los Diffie al comparar al trabajador en el año 1897, que con 70 días de trabajo al año compraba los alimentos importados básicos como arroz, bacalao, harina de trigo, carne y manteca, con el trabajador en el año 1929, que tenía que trabajar 104 días para comprar tal canasta de bienes.[23]

No cabe la más mínima duda de quiénes eran los beneficiarios del nuevo régimen: los dueños ausentistas de las corporaciones azucareras. Entre éstas sobresalían cuatro (todas norteamericanas): The South Porto Rico Sugar, Central Aguirre Associates, Fajardo Sugar Co. y United Porto Rican Sugar Co. En el año 1929 estas corporaciones controlaban 170,675 acres de los 251,000 en cultivo. Su rendimiento de capital durante el periodo 1923-1930 fue en promedio de 22.5 por ciento anual.[24]

Como el azúcar, el tabaco ganó importancia después de la invasión norteamericana. Para el año 1918 pasó a ser el segundo renglón en importancia como rubro de exportación. También se producían y exportaban cítricas. La remuneración salarial en estos sectores era aún más baja que en la industria azucarera.

A estos sectores hay que agregar a la industria de la aguja. Ésta se expande durante la década de 1920 y llega a ser el segundo rubro de exportación al abrirse la década de 1930.[25] Como sello distintivo se destaca el trabajo a domicilio bajo un sistema de pago por pieza encajado en una complicada red de intermediarios. En la base de la pirámide, sosteniéndola sometida a la explotación del capital ausentista y de sus contratistas y agentes, se ubica a la mujer trabajadora.

Al agotarse la fase expansiva del ciclo económico se inicia la etapa contraccionaria que hace crisis en la década de 1930 con la *Gran Depresión* que estremece a los países industriales. El

---

[23] Bailey y Justine Diffie, op. cit., pág. 176.

[24] Véase Bailey y Justine Diffie, op. cit., págs. 49, 52 y 81; y James Dietz, op. cit., pág. 128.

[25] Para una relación de la estructura de las exportaciones de Puerto Rico de 1895 a 1946 véase Harvey S. Perloff, op. cit., pág. 136-137.

informe de la Brookings Institution, al referirse a la "condición de las masas de isleños" al cierre de la década de 1920, describió la situación como *deplorable*. Posteriormente el adjetivo sería otro:

> *"Si la situación de las masas del pueblo isleño en el periodo anterior a 1928 se califica de deplorable, entonces la correspondiente a ese mismo pueblo en los trece años siguientes no tendría otro calificativo que el de crítica".*[26]

La prolongada crisis de la década de 1930 puede considerarse como el punto clave de la ruptura de la economía basada en la exportación de bienes primarios, particularmente azúcar. No obstante, a pesar de la reducción en el precio del azúcar, las compañías azucareras lograron mantener sus niveles de ganancia ampliando la producción y reduciendo los jornales. Mientras que del año 1929 al 1934 la producción azucarera se expande de 587,000 a 1,114,000 toneladas, los jornaleros de la caña en el campo vieron reducirse sus salarios de alrededor de 90 centavos al día a cerca de 60 centavos al día.[27] El ingreso neto per cápita nominal se redujo de $122.00 en el año 1930 a $86.00 en el año 1934: una reducción de 30 por ciento.[28] Valga subrayar que el poder de compra se redujo aún más ya que durante dicho periodo, a diferencia de lo que sucedió en los Estados Unidos, los precios aumentaron.

La situación se tornó insostenible. El esquema económico que prevaleció durante las primeras décadas del siglo estaba agotado no únicamente en función de los intereses del pueblo

---

[26] Harvey S. Perloff, op. cit., pág. 30.

[27] Para la producción de azúcar durante el periodo 1920-1946 véase Harvey S. Perloff, ibid., pág. 72. Sobre la situación salarial nos referimos a James Dietz, op. cit., pág. 156-161 y a Emilio Pantojas García, *Estrategias de desarrollo y contradicciones ideológicas en Puerto Rico: 1940-1978*, **Revista de Ciencias Sociales**, marzo-junio, 1979, pág. 85.

[28] Harvey S. Perloff, op. cit., pág. 160.

de Puerto Rico, que siempre lo estuvo, sino también en función de los intereses de los inversionistas norteamericanos. Con el debilitamiento de los mercados de azúcar, tabaco y frutas, y con la imposición de las cuotas de azúcar, disminuyó el flujo de inversiones provenientes del exterior.

Para el año 1940 el ingreso neto per cápita nominal aumenta y retorna al nivel que había alcanzado en el año 1930: $122.00. Esto no se debió ni a la recuperación del viejo modelo ni a la instalación de una nueva estructura productiva sino, eminentemente, al impacto del *Nuevo Trato* que se inicia en el gobierno de Estados Unidos bajo la presidencia de Franklin D. Roosevelt a partir del año 1933. Se creó la *Puerto Rican Emergency Relief Administration* (PRERA) para la distribución de excedentes de alimentos y para llevar a cabo programas para la reducción del desempleo. Podría argüirse que se iniciaba así la era *keynesiana*, significando por esto la articulación de políticas gubernamentales orientadas a estimular el aumento de la demanda y así rehabilitar la economía. Pero el enclave no era rehabilitable. Las distintas iniciativas inscritas en el *Nuevo Trato* no lograron desatar el proceso innovador que se necesitaba.[29]

Una de estas iniciativas fue el llamado *Plan Chardón*.[30] Este plan fue preparado por una comisión federal presidida por Carlos Chardón, Rector de la Universidad de Puerto Rico. Los objetivos centrales del plan eran reducir el desempleo, romper la estructura monopólica de la tierra, reducir la fuga de pagos a factores externos y diversificar el perfil de producción. Para ello proponía una serie de medidas como la promoción de ciertas industrias proveyéndole protección arancelaria y créditos contributivos; la industrialización de cítricas, frutas y vegetales; la puesta en vigor de la restricción de tenencia de tierra de 500 acres; la creación de grupos de agricultores pequeños; la compra

---

[29] Thomas Mathews, **Puerto Rican Politics and the New Deal**, University of Florida Press, Gainesville, 1960.

[30] Puerto Rican Policy Commission, **Report of the Puerto Rican Policy Commission** (Plan Chardón), 1934.

de una central azucarera por parte del gobierno; y el uso diverso de distintos desperdicios de la industria cañera, como el bagazo. Una de las preocupaciones medulares del plan era demográfica: del año 1899 al 1930 la población había crecido de 953,243 a 1,543,913 habitantes.

El plan confrontó gran oposición por parte de los intereses azucareros y no fue endosado por el gobierno norteamericano. En su lugar se creó la *Puerto Rican Reconstruction Administration* (PRRA) en el año 1935. Ésta fue de corta vida ya que el Congreso la liquidó a los seis años de creada. No obstante se le reconocen logros como el desarrollo hidroeléctrico, el programa de reforestación, la construcción de escuelas y la organización de la planta de cemento. Además se sientan las bases de una gestión más agresiva por parte del sector público.

III. PARÉNTESIS INSTITUCIONALISTA

El contexto inicial (1941-46) de la gestión reformista, protagonizada por Rexford G. Tugwell como gobernador, lo provee la Segunda Guerra. De hecho, Tugwell planteó como su deber central en Puerto Rico el fortalecimiento del aparato civil de suerte que las bases militares no se encontraran rodeadas por un ambiente hostil.[31]

Buena parte del financiamiento de la actividad gubernamental y de la capitalización de las empresas públicas provino de la devolución de arbitrios, básicamente por concepto del aumento de las exportaciones de ron como consecuencia de la reducción del whisky europeo en el mercado norteamericano provocada por la guerra. Del año 1941 al 1944 esta partida de devolución de arbitrios aumentó de $4.5 a $63.9 millones. En este último año (1944) era la partida de ingresos más importante del fondo general. Representaba el 60 por ciento del mismo. Del año 1945 en adelante comienza a declinar hasta llegar a sólo $2.7 millones en el año 1948. Los ingresos al fondo general comienzan a depender eminentemente de los impuestos locales: contribución

---

[31] Rexford G. Tugwell, **The Stricken Land: The Story of Puerto Rico**, Doubleday, New York, 1947, pág. 148.

sobre ingresos y arbitrios.[32] Por otro lado aumentaron los desembolsos del gobierno federal de Estados Unidos, pero sobre todo aquellos vinculados a la construcción de las bases militares.

La gestión reformista durante la Segunda Guerra se puede subdividir en tres dimensiones: la agraria, la industrial y la infraestructural. Montada en este trípode se rearticula la organización gubernamental y se establecen las bases para el despegue *modernizador*.

La Ley de Tierras se promulga en el año 1941. Se crea la Autoridad de Tierras. Aparte de la justicia distributiva, mediante la reducción del acaparamiento de tierras, las fincas de beneficio proporcional y el programa de parcelas, se proponía retener parte del excedente producido en el sector agrícola para utilizarlo en el financiamiento de nuevas industrias. No obstante, tales propósitos se debilitaron porque las corporaciones azucareras mantuvieron su dominio sobre la producción más allá de lo previsto y, sobre todo, porque el entusiasmo populista le dio prioridad a la repartición de parcelas y a la relocalización de la población rural sobre los proyectos de producción diversificada y eslabonada con la actividad industrial. La amarga experiencia de medio siglo con la industria azucarera condujo por una senda adversa a la actividad agrícola y se le cerraron posibilidades de jugar un papel clave en el desenvolvimiento económico que comenzaba a tomar forma.[33]

La Compañía de Fomento Industrial se crea en el año 1942. Es ese mismo año se estableció el Banco de Fomento y la Junta de Planificación. El eje de la promoción industrial sería la Compañía, que entre sus funciones tenía la de establecer y operar

---

[32] Harvey S. Perloff, op. cit., pág. 383.

[33] En otros países que se desarrollaron en la posguerra, la agricultura jugó un papel crucial en la provisión de ahorros y en la articulación de sectores dinámicos no agrícolas en el área rural. Esto, entre otros factores, los condujo por una senda distinta a la de Puerto Rico. Para un interesante análisis de este proceso en el caso de Taiwan, y en parte en el caso de la República de Corea, véase Gustav Ranis, *Another Look at the East Asian Miracle*, **The World Bank Economic Review**, vol. 9 no. 3, Washington D.C., 1995.

empresas que produjeran bienes que utilizaran mayormente insumos locales. Teodoro Moscoso, que no simpatizaba con este esquema de "crecimiento hacia adentro" tildado por algunos como "capitalismo de estado" adverso a la "tradición americana", y por otros como "nacionalismo estrecho", fue su primer director.[34]

La Puerto Rican Cement Company, que había sido organizada por la P.R.R.A., pasa a manos de la Compañía de Fomento. Además, para el año 1947, se contaba con cuatro fábricas adicionales: la Corporación de Vidrio, la Corporación de Papel y Pulpa, la Compañía de Zapatos y Cuero y la Corporación de Productos de Arcilla. Pero esta experiencia en desarrollo "auto-sostenido" fue muy breve y, por breve, modesta. Esta modestia, junto a presiones del capital privado y a conflictos políticos en torno a tal gestión gubernamental, precipitan la decisión de venderlas una vez finaliza el periodo de reforma institucional que encabezara Tugwell. La fábrica de zapatos, que era rentable, fue comprada en el año 1949 por un fabricante norteamericano, Joyce Company, que cerró sus operaciones en el año 1952 sin que el gobierno recuperara su inversión en tal transacción. Las restantes cuatro fueron compradas por las Empresas Ferré a fines del año 1950 por la suma total de $10.5 millones. El peso cuantitativo de esta primera privatización no se debe subestimar, como muy bien planteara recientemente un especialista en el tema de la Universidad de Barcelona: equivalió a 9.3 por ciento de los ingresos fiscales y a 1.4 por ciento del Producto Bruto.[35]

Hay que reconocer, como comprueba Bolívar Fresneda en su investigación histórica, que la iniciativa para el cambio en la gestión gubernamental, cuajada a fines de la década de 1930 y profundizada a partir del año 1941, provino de las esferas fede-

---

[34] Véase A.W. Maldonado, **Teodoro Moscoso and Puerto Rico's Operation Bootstrap**, University of Florida, Gainesville, 1997, pág. 31.

[35] Germá Bel, **The First Privatization Policy In Democracy: Selling State Owned Enterprises in 1948-1950 Puerto Rico** (manuscrito inédito), Universitat de Barcelona, 2009.

rales en la coyuntura particular de la Segunda Guerra.[36] El papel del gobernador Tugwell, por su "radicalismo institucionalista" orientado a la planificación pública, fue crucial.[37]

Cuando, con la primera privatización, el gobierno renuncia a su gestión empresarial en industrias que se entendía tenían su lugar en el espacio privado también sustituye la estrategia de desarrollo relativamente autónomo por un programa de industrialización por invitación. Éste se apoya en la Ley de Incentivos Industriales aprobada en el año 1947, siendo gobernador Jesús T. Piñero. Resulta interesante que una legislación similar a la aprobada en el 1947 había sido propuesta anteriormente, en el año 1944, siendo gobernador Tugwell. Pero éste la vetó. Una explicación a tal veto, aunque indirecta, se encuentra en un artículo publicado por Tugwell en el año 1953. Allí señala que una estrategia basada en salarios bajos y en favores fiscales no apuntala sólidamente a una base industrial. Se necesita gestión empresarial local. Además, con relación a la atracción del capital externo, postula que no basta con meramente atraerlo sino que es necesaria la formación de complejos industriales con intensas redes de interdependencia entre sus componentes, es decir, eslabonamientos:

> *"... creo que el esfuerzo promocional tiene que ser objeto de crítica. La irremediable naturaleza miscelánea de los primeros cientos de industrias es obvia. El esfuerzo promocional no sólo no configura a un complejo, sino que tampoco demuestra ninguna predilección por lo que es posible y permanente en contraste con lo que es improbable y por lo tanto posiblemente pasa-*

---

[36] José L. Bolívar Fresneda, *El Banco de Fomento de Puerto Rico y las primeras emisiones de bonos de la Autoridad de Fuentes Fluviales 1941-1948*, **Revista de Ciencias Sociales**, número 19, 2008, págs. 100-127.

[37] Norberto Barreto Velázquez, **Rexford G. Tugwell, El último de los tutores**, Ediciones Huracán, San Juan, 2004, pág. 144.

jero".[38]

Critica, además, el descuido de la agricultura. Inclusive propone varias medidas orientadas al cultivo intensivo, entre las que menciona las técnicas hidropónicas. Por último, en lo que dejando correr la imaginación podría catalogarse de autocrítica, arremete contra las leyes de cabotaje y el comportamiento de la Marina y el Ejército en Puerto Rico, particularmente en Vieques.[39] En este articulo Tugwell refleja su tradición intelectual, inscrita en la escuela institucionalista norteamericana, crítica de la ortodoxia económica neoclásica y de lo que ahora se denomina *neoliberalismo*. Es evidente que en el año 1953 Tugwell pensaba más como el economista institucionalista que era que como el gobernador colonial que había sido.

Ni la reforma agraria culminó en un proyecto de producción ni el breve paréntesis de gestión industrial gubernamental cuajó en una senda de desarrollo autosostenido. De las tres dimensiones de la gestión reformista a que hiciéramos referencia la única que sobrevivió fue la provisión de infraestructura. Las corporaciones públicas, entre las que sobresalieron la Autoridad de Fuentes Fluviales, la Autoridad de Acueductos y Alcantarillados, la Autoridad de Comunicaciones y la Autoridad de Transporte, serán centrales como bases de apoyo para la atracción de inversión directa externa. Con el agotamiento de la agenda reformista se transita hacia el establecimiento de un enclave manufacturero ajeno que, como la amarga azúcar que le precedió, se orientará hacia la producción para el exterior y hacia la repatriación de los beneficios.

IV. SEGUNDO ENCLAVE

El elemento medular de la Ley de Incentivos Industriales de 1947 —como el de todas sus sucesoras hasta llegar a la vigen-

---

[38] R.G. Tugwell, *What next for Puerto Rico?*, **The Annals of The American Academy of Political and Social Science**, vol. 285, enero 1953, pág. 148.

[39] Ibid, pág. 147.

te Ley de Incentivos Económicos para el Desarrollo de Puerto Rico del año 2008— era toda una serie de exenciones, créditos y deducciones tributarias. Con estos privilegios fiscales y con otros incentivos supletorios, entre los que sobresalían la mano de obra barata, la provisión de infraestructura y el acceso libre al mercado de Estados Unidos, comenzó el programa de industrialización conocido como *Operación Manos a la Obra*. Además, las empresas estadounidenses podían obtener otras ventajas fiscales bajo la cobija del Código Federal de Rentas Internas de Estados Unidos si cualificaban para ser clasificadas como "corporaciones de posesiones".

La saga tributaria de las "corporaciones de posesiones" –corporaciones de Estados Unidos ubicadas en sus posesiones– comenzó en el año 1921 con la Sección 262. Las exenciones tributarias que ésta disponía fueron adoptadas para ayudar a las corporaciones estadounidenses a competir con otras empresas, sobre todo británicas, en las Filipinas, entonces posesión de Estados Unidos. Puesto que las competidoras europeas podían remitir sus ganancias desde el extranjero hasta la casa matriz en la metrópoli bajo la cobija de exenciones o créditos, las empresas de Estados Unidos cabildearon para obtener un trato similar. La Sección 262, luego reformulada como Sección 931, se hizo extensiva a todas las posesiones de Estados Unidos. Se podría decir que Puerto Rico, como posesión, ingresó a tal juego tributario como consecuencia de una carambola iniciada en las Filipinas. Las mencionadas secciones son las predecesoras de la notoria y ya derogada Sección 936.

El entusiasmo que imperaba en los círculos oficiales durante los inicios del despegue de la industrialización se refleja en las proyecciones que entonces se hicieron. Recién iniciada la década del 1950 la Junta de Planificación estimaba que para el año 1960 se contaría con una fuerza de trabajo de 905,000 trabajadores en que 860,000 estarían empleados. Por lo tanto el desempleo iba a ser de 5 por ciento.[40] Pero el empleo total en el año 1960 sólo

---

[40] Puerto Rico Planning Board, **Economic Development of Puerto Rico 1940-1950, 1951-1960**, pág. 89.

alcanzó 543,000 plazas. Puesto que el grupo trabajador también se redujo, en buena medida como consecuencia del flujo emigratorio, la tasa de desempleo, que pudo ser más alta, se mantuvo en alrededor de 13.2 por ciento. Hay que destacar que la emigración neta de puertorriqueños durante las décadas de 1950 y 1960 fue de 470,000 y 214,000 migrantes respectivamente. Esto suma 684,000 en veinte años, lo que equivale al 29 por ciento de la población que tenía Puerto Rico en el año 1960 (2,349,544).[41] Es evidente que el crecimiento económico de un enclave, con pocos eslabonamientos con el resto de la economía y orientado a remitir los beneficios que genere hacia el exterior, no se traduce en desarrollo sano para toda la sociedad. *Operación Manos a la Obra sacó más manos del país de las que puso a trabajar.*

Durante la primera etapa de la industrialización cobró importancia la industria de la ropa. Con los incrementos salariales en Puerto Rico y la reducción de los aranceles impuestos por Estados Unidos a prácticamente todo el mundo de sus importaciones de productos textiles disminuyó el peso de estos factores promocionales. El acceso al mercado de Estados Unidos ya estaba dejando de ser privilegio como consecuencia de las negociaciones multilaterales cobijadas por el Acuerdo General Sobre Aranceles y Comercio, ahora sucedido por la Organización Mundial del Comercio.

En tal contexto se reorienta la promoción de capital y se monta un complejo petroquímico avalado por el diferencial de precios existente en ese momento entre el mercado norteamericano y el mercado internacional. La clave radicaba en importar petróleo de países como Venezuela y de países árabes en donde el precio del crudo era más bajo que en el mercado de los Estados Unidos. Se confiaba que el complejo petroquímico generaría eslabonamientos hacia adelante, es decir, empresas que con la materia prima elaborada por las refinerías producirán bienes intermedios y finales. Esto no se materializó.

El sueño petrolífero se convirtió rápidamente en pesadilla.

---

[41] Francisco L. Rivera Batiz y Carlos E. Santiago, **Island Paradox, Puerto Rico in the 1990's**, Russel Sage Foundation, New York, 1996, págs. 23 y 45.

Ésta estuvo protagonizada por las disposiciones del Programa Mandatorio sobre Importaciones de Petróleo de Estados Unidos y, sobre todo, por el rápido aumento en el precio del petróleo a partir del año 1973. En realidad, montar una estrategia de desarrollo para Puerto Rico basada en una materia prima que no produce, cuyo precio no controla y que está sujeta a un juego político tan volátil, era una apuesta muy peligrosa. Su resquebrajamiento no debió sorprender a nadie. Las ruinas de la Commonwealth Oil Refining Co. (CORCO), que se asemejan a un pueblo fantasma, son a manera de un monumento al desastre que debería servir para apercibirnos de la debilidad que encierra toda estrategia que parte de un enclave carente de diversidad, como lo fue primero el monocultivo azucarero y luego el fallido "mono-industrialismo" petroquímico. Dicho sea de paso, ambas estrategias significaron costos ecológicos extraordinarios para Puerto Rico.

Del año 1950 hasta mediados de la década de 1970 la economía de Puerto Rico o, más bien, el enclave extranjero establecido en ella, experimentó altas tasas de crecimiento: la media anual de crecimiento real del Producto Nacional Bruto excedió el 6.0 por ciento.[42] No obstante, para lograr verdadero desarrollo sustentable hay que contar con los mecanismos institucionales necesarios. Sin estos podría darse algún crecimiento coyuntural acompañado de rasgos *modernizadores* que se toman por desarrollo. *Experimentar crecimiento económico durante décadas, advierte con acierto el premio Nobel de Economía, Douglas North, no significa que el desarrollo está incorporado en el andamiaje institucional de la sociedad.*[43] Y mucho menos si el crecimiento se acompaña de diversas manifestaciones de hipertrofia: dependencia del capital externo acompañado de una desmedida remisión de ganancias hacia el exterior, falta de es-

---

[42] Eliezer Curet, Puerto Rico: **Development by Integration to the U.S.**, Editorial Cultural, 1986, pág. 48.

[43] Douglas North, **Understanding the Process of Economic Change**, Princeton University Press, Princeton, 2005, págs. 77-78.

labonamientos sectoriales e interindustriales, bajas tasas de participación laboral con desempleo crónico, extrema dependencia de la beneficencia pública, desordenado proceso de urbanización con abandono de los centros urbanos, desproporción entre la compensación a los empleados y el rendimiento de capital, migración forzosa, degradación ambiental y creciente economía subterránea en la que sobresale el componente criminal vinculado al trasiego de drogas. Estos indicadores asociados a la hipertrofia están reñidos con el desarrollo y terminan por descarrilar el crecimiento. La experiencia de Puerto Rico, con su prolongado estancamiento económico ya traducido en contracción, su crítica descomposición social y su insuficiencia institucional, valida la apreciación de North.

Del año 1974 en adelante el crecimiento se agota: la tasa media anual de crecimiento real durante el periodo 1974-2010 es menos de una tercera parte de la experimentada durante el periodo 1950-1973. Si nos circunscribimos a la última década, o primera década del siglo XXI, advertiríamos que ya el estancamiento tiene que catalogarse de absoluto. Y si nos refiriéramos al cierre de dicha década (2007–2010) el escenario económico revela entonces una profunda contracción.[44] La tendencia hacia una economía cada vez más débil es clara.

Ya Puerto Rico no se encuentra en el contexto que se configura inmediatamente después de la Segunda Guerra Mundial, favorable a la estrategia de atraer inversión directa externa de Estados Unidos para montar un enclave industrial exportador hacia ese mercado. Entonces prevalecía el proteccionismo, Japón y los países europeos iniciaban la recuperación del desastre bélico y China y los restantes países asiáticos no constituían un polo económico. Estados Unidos era el país acreedor o prestamista por excelencia. Las reglas que rigen al comercio y a las inversiones se han transformado; los tratados internacionales, en innumerables variantes, se han multiplicado; y han surgido otros protagonistas y competidores económicos. Hoy Estados Unidos

---

[44] Junta de Planificación, **Informe Económico al Gobernador** (Apéndice Estadístico) 2009, Febrero 2010, tabla 1.

es un país deudor, sobre todo de China. El mundo es otro.

Las viejas *ventajas* del paréntesis de crecimiento acusaron su debilitamiento de manera manifiesta desde la década de 1970. En el estrecho margen de maniobra que provee el marco colonial de Puerto Rico sobresalieron entonces tres *instrumentos* de política económica: las transferencias del gobierno federal de Estados Unidos, el endeudamiento del gobierno de Puerto Rico y la Sección 936 del Código Federal de Rentas Internas.

En el caso de las transferencias del gobierno federal de Estados Unidos a Puerto Rico hay que advertir que, como se explica en la última sesión de este ensayo, el grueso de las mismas son devengadas —es decir, se han pagado para tener el derecho de recibirlas— y que la suma total es considerablemente menor que la suma de las ganancias corporativas que se remiten al exterior. No obstante, convencionalmente se invocan como mecanismo de compensación ante el agotamiento de la economía ya que del año 1970 al año 2009 el total de éstas aumentó como proporción del Producto Nacional Bruto de un 7 a un 20.5 por ciento. Durante el año 2009 dichas transferencias sumaron $12,854.6 millones. De éstas $2,896.5 millones fueron aportaciones al Gobierno de Puerto Rico (gobierno central, corporaciones públicas y municipios) y $9,958.1 millones correspondieron a individuos y otros.[45] Sin embargo, no suele consignarse el hecho de que el 80 por ciento de las transferencias que reciben los individuos son devengadas.[46] También se ignora que, al tomar en consideración tal hecho así como las cotizaciones y pagos que hacen los puertorriqueños al gobierno federal, la proporción de la supuesta dependencia se reduce, como se verá más adelante, significativamente.

El segundo instrumento que se ha utilizado para contrarrestar el resquebrajamiento de la economía de Puerto Rico a partir de la década de 1970 ha sido el endeudamiento del sector gubernamental. Su peso, como coeficiente del Producto Nacional

---

[45] Ibid, tabla 18.

[46] Ibid, tabla 21.

Bruto, aumentó de 36.7 por ciento en el año 1970 a más del 90 por ciento al finalizar el año calendario 2008. Lo crítico es que ya no se circunscribe a ser un mecanismo de financiamiento de la infraestructura sino que también sirve para sufragar gastos corrientes. A diciembre de 2008, cuando la deuda sumó $56,500 millones, $26,600 millones correspondían a las corporaciones públicas y $20,600 millones al gobierno central. Los restantes $9,300 millones se dividían en $2,900 de deudas municipales y $6,400 millones clasificados como otros.[47]

La actividad que pueda generar el gobierno tiene como restricción su capacidad para recaudar suficientes ingresos para proveer los servicios públicos de rigor. Ni la promoción de la inversión directa externa a base de exenciones y créditos tributarios ni las sucesivas reformas contributivas han propiciado la ampliación de la base fiscal de Puerto Rico. La política de socialización de costos para abonar a las ganancias privadas se revela en la recurrente insuficiencia fiscal. En otras palabras, las ventajas que se le conceden a las corporaciones, como exenciones contributivas y subsidios, se suman a las ganancias corporativas mientras que, en efecto, se traducen en un sacrificio fiscal adverso al gobierno y a los contribuyentes asalariados.

El tercer factor clave a partir del año 1976 es la Sección 936, cuyos antecedentes son las secciones 262 y 931 a que ya se hiciera referencia. Definida de la manera más sencilla posible esta sección es una disposición del Código Federal de Rentas Internas que proveía para la repatriación de ganancias desde Puerto Rico hacia los Estado Unidos libre del pago de impuestos regulares en su punto de destino. En su última versión, que fue la del año 1993, constaba de tres dispositivos: un crédito por ingreso; un crédito por actividad económica, que disponía un crédito salarial; y la exención sobre los intereses o ingresos pasivos derivados de los llamados fondos 936, integrados por los depósitos e inversiones financieras que hacían las compañías 936 en Puerto Rico. La sección 936 se derogó en agosto de 1996. Su

---

[47] Banco Gubernamental de Fomento, **Exposición General sobre Presupuesto Recomendado para Año Fiscal 2010**, 3 de mayo de 2009, pág. 10.

disposición financiera, la exención sobre los ingresos pasivos, se eliminó con retroactividad al 1[ero] de julio de 1996. El Congreso dispuso una transición de diez años que expiró con el comienzo del año 2006.

El sector industrial considerado como emblema de la Sección 936 es el farmacéutico. Aunque ya para el año 1974 sus productos representaban el 17.2 por ciento del Producto Interno Bruto del sector manufacturero es bajo el palio de la Sección 936 que tal participación sobrepasará el 50 por ciento. Además, los productos farmacéuticos encabezan las exportaciones de Puerto Rico. En el año fiscal 2009 representaron el 69 por ciento del total de exportaciones de mercancía registrada.[48]

La Sección 936, junto a las exenciones fiscales provistas por el gobierno de Puerto Rico, se convirtió, en voz de sus promotores, en la "institución" central de la economía de Puerto Rico. Las ganancias de las corporaciones cobijadas por la misma eran extraordinariamente altas. Puesto que era capital del exterior los pagos a los factores externos fueron, y todavía son, descomunales. Durante los años 2004, 2005, 2006, 2007 y 2008 los rendimientos de capital de las inversiones del exterior en Puerto Rico excedieron los $30,000 millones anuales. La cifra para el año 2009 es de $35,443.1 millones.[49]

¿Por qué las señales modernizadoras que acompañaron el largo proceso de industrialización han quedado apresadas en la atrofia económica y social? ¿Por qué las transferencias federales, la creciente deuda gubernamental y la Sección 936, luego de un reinado de tres décadas, no se tradujeron en crecimiento sostenido ni, mucho menos, en desarrollo sustentable? Porque, como han señalado numerosos estudiosos del desarrollo, éste requiere innovación institucional que, a su vez, depende del poder para articular diversas políticas.[50] La innovación institucional se

---

[48] Junta de Planificación, op. cit., tabla 23.

[49] Ibid, tabla 18.

[50] Dani Rodrik, **One Economics Many Recipes, Globalization, Institutions, and Economic Growth**, Princeton University Press, Princeton, 2007.

refiere, esencialmente, a la capacidad para disponer las normas que rigen a los actores sociales (gobierno, empresas, sindicatos, universidades, centros de investigación y otras organizaciones) y que definen tanto sus relaciones entre si como con el exterior. Esto está reñido con la situación de un país colonial cuyo enclave económico remite al exterior el excedente que generan las actividades más rentables, y que carece del poder político para controlar y movilizar sus recursos internos e insertarse de manera equilibrada con la economía regional y con la economía global.

V. BALANCE CRÍTICO

Dicen que *en guerra avisada no muere gente*. Tal premisa es extraña puesto que en todas las guerras, avisadas o no, muere gente. Quizás lo que se intenta expresar es que si se le hace caso al aviso pueden tomarse previsiones que permitan reducir las bajas en el enfrentamiento bélico; o, tal vez, se quiere significar que el aviso puede servir de acicate para un diálogo que haga dirimir las diferencias en un marco de paz en lugar de en un frente de guerra. Sea como sea, la clave radica en tomar en cuenta las advertencias, trátese de guerras, huracanes o procesos políticos. La razón es sencilla: las equivocaciones en tales instancias se pagan a un precio extraordinariamente alto. La economía de Puerto Rico ha sido estudiada en innumerables ocasiones. No han sido pocas las advertencias.

Desde hace varias décadas se ha destacado la enorme diferencia entre el Producto Interno Bruto (el valor de la producción realizada en Puerto Rico) y el Producto Nacional Bruto (el pago a los factores de producción de los residentes del país, es decir, la remuneración por concepto de la actividad productiva que reciben tanto trabajadores como propietarios residentes en Puerto Rico). En el año 1975 James Tobin, uno de los más prestigiosos economistas del siglo XX y premio Nobel de Economía, encabezó un equipo de estudio a petición de la administración gubernamental de entonces. En su informe señaló lo siguiente:

"La diferencia entre el Producto Interno Bru-

> *to y el Producto Nacional Bruto y entre sus tasas de crecimiento es una reflexión adicional de la dependencia creciente de Puerto Rico en recursos del exterior para su crecimiento".[51]*

Añade luego:

> *"Aún cuando la inversión directa sí representa una inversión física real, no implica necesariamente un incremento en el bienestar puertorriqueño. Aunque la inversión de las subsidiarias de las firmas estadounidenses provea nueva producción y empleo, ello también implica nuevos subsidios e inversiones en infraestructura real del gobierno puertorriqueño y una mayor remisión de ganancias a los Estados Unidos."[52]*

Lo que a Tobin le preocupara en el año 1975 palidece cuando se compara con lo que tenemos ahora. Entonces el Producto Nacional Bruto representaba el 87 por ciento del Producto Interno Bruto. La diferencia entre uno y otro, $1,072 millones, se compone básicamente de ganancias, dividendo e intereses remitidos al exterior. Según las cifras del año fiscal 2009 el Producto Nacional Bruto de Puerto Rico representa el 65 por ciento del Producto Interno Bruto. Ahora la diferencia excede los $30,000 millones.[53] En otras palabras, los residentes de Puerto Rico —todos, sean propietarios o trabajadores— apenas reciben en ingresos el 65 por ciento del valor de la producción del país que se resume en el Producto Interno Bruto.

Entre las recomendaciones que contiene el Informe Tobin sobresale la de revisar la política de incentivos contributivos.

---

[51] **Informe al Gobernador del Comité para el Estudio de las Finanzas de Puerto Rico** (Informe Tobin), Editorial Universitaria, Río Piedras, 1976, pág. 26.

[52] Ibid, pág. 60.

[53] Junta de Planificación, op. cit., tabla 1.

Se insiste en que las empresas *exentas* deberían demostrar, caso por caso, que su contribución a la economía del país está en correspondencia con las aportaciones del gobierno y de la clase obrera. Además, se plantea que *"el objetivo central del sistema contributivo deber ser el de aumentar equitativamente la renta del erario público"*.[54]

El control de Puerto Rico sobre su economía disminuye en función de su dependencia de la inversión directa externa cuya atracción, basada en incentivos fiscales, erosiona la base tributaria y provoca la búsqueda de asignaciones federales para enfrentar la debilidad presupuestaria, lo que tiene el efecto de distorsionar las prioridades públicas. Esto lo advirtió claramente Tobin:

> *"Es difícil, si no imposible, perseguir metas con cualquier grado de autonomía, mientras se dependa tanto de los flujos de capital externo... Las asignaciones federales pareadas y las que se asignan para un bien o servicio específico distorsionan el proceso de formulación de decisiones presupuestarias"*.[55]

El enclave económico montado en Puerto Rico no ha estado exento de críticas provenientes de distintas instancias del gobierno de Estados Unidos, aunque en función de sus intereses y no necesariamente de los de Puerto Rico. Durante la vigencia de la Sección 936, ésta siempre estuvo bajo el ojo crítico del Departamento del Tesoro de Estados Unidos. Éste rindió seis informes —el más significativo fue el ultimo con fecha de marzo de 1989— en los que sobresalían varias críticas relativas a la conducta de las corporaciones de posesiones.[56] Pueden resumirse en dos los señalamientos medulares. El primero era que la actividad

---

[54] Informe Tobin, op. cit., pág. 12.

[55] Ibid, pág. 15-16.

[56] Department of the Treasury, **The Operation and Effect of the Possessions Corporation System of Taxation** (Sixth Report), Washington D.C., 1989.

económica generada en Puerto Rico por estas entidades corporativas lucía modesta ante las extraordinarias ventajas fiscales que tenían tanto en la esfera federal como en la esfera *local*. No olvidemos que, aparte de los beneficios tributarios consignados en la Sección 936, estas corporaciones también gozaban de generosos decretos de exención concedidos por el gobierno de Puerto Rico en virtud de su Ley de Incentivos Contributivos. El segundo señalamiento se refería al vicio de la evasión mediante la declaración de ingresos en Puerto Rico que realmente se habían generado en otras jurisdicciones. Ésta es una vieja práctica contable de las corporaciones multinacionales.

Tales críticas suscitaron varias enmiendas a lo largo de la historia de la Sección 936: en el año 1982 y en el año 1986 bajo la administración del presidente Reagan y en el año 1993 en los inicios de la administración de Clinton. Casi todas, particularmente las últimas, restringían el alcance de dicha sección. La administración de Clinton, que aumentó los impuestos corporativos, precisó que las corporaciones de posesiones tenían que contribuir al fisco federal para ayudar a conjurar el déficit presupuestario heredado de los gobiernos de Reagan y de Bush padre.

En realidad, la sentencia de muerte siempre estuvo escrita en la pared. Las revisiones citadas anticipaban la derogación de la Sección 936. Eran muchas las fuerzas en su contra. Por un lado estaba el interés recaudador del gobierno estadounidense y su creciente renuencia a conceder privilegios tributarios a tal o cual jurisdicción; por otro lado, cada día se hacía más patente la preocupación de diversos actores económicos, entre los que sobresalían los gobiernos estatales y los sindicatos estadounidenses, con las llamadas compañías desertoras: aquellas que mudan sus negocios para acogerse a beneficios tributarios.

Antes de la total desaparición de la Sección 936 las corporaciones de posesiones iniciaron sus ajustes para ubicarse bajo otras secciones del Código Federal de Rentas Internas, sobre todo las secciones que cobijan a las "Corporaciones Foráneas Controladas". Éstas son entidades incorporadas en jurisdicciones fiscales extranjeras, lo que incluye a Puerto Rico, pero poseídas y controladas por intereses estadounidenses. El ingreso de estas corporaciones no tributa al Tesoro Federal hasta tanto es repatriado en la forma de dividendos a los accionistas estadounidenses. Sujeto a ciertas restricciones, estos accionistas tienen derecho a un crédito en función de los impuestos que la corporación foránea controlada haya pagado en la jurisdicción extranjera.

A fines de la década de 1980 el Partido Independentista Puertorriqueño (PIP) se anticipó a la derogación de la Sección 936 y propuso un plan que partía de la premisa de que las corporaciones de posesiones se transformarían en corporaciones foráneas controladas. Esto fue objeto de bastante análisis en las vistas congresionales sobre el status durante el periodo de 1989-1991.[57] Entonces la Sección emblemática de las corporaciones foráneas controladas era la 901.

Naturalmente, el plan presumía todo un reajuste de la política económica y del sistema fiscal de Puerto Rico.[58] En contraste, las administraciones gubernamentales del país han estado ofuscadas con la búsqueda infructuosa de privilegios tributarios federales de carácter particular. Recuérdese los intentos de distintas administraciones gubernamentales de hacer permanente la Sección 30-A (un crédito salarial) y de enmendar la Sección 956. Nada se logró.

La naturaleza de enclave del país y la incapacidad para generar suficientes empleos, vinculado a las consecuencias sociales y ambientales que todo esto ha tenido, provocan que la economía de Puerto Rico se describa como hueca (*hollow*).[59] Su falta de

---

[57] Committee on Finance, Senate (101st Congress), **Puerto Rico Status Referendum Act (Report)**, September 1990.

[58] Véase Eric Negrón Rivera, *Tax Related Industrial Incentive Impact of Political Options for Puerto Rico*, **Unidad de Investigaciones Económicas (UPR)**, Boletín de Economía, abril-junio 1977, pág. 22-27. Refiérase también al Partido Independentista Puertorriqueño, **Programa para las elecciones generales**, 1992 y 1996.

[59] Richard Weisskoff, **Factories and Food Stamps: The Puerto Rico Model**

eslabonamientos y los vacíos que esto conlleva está empírica-
mente fundamentado.[60]

El efecto multiplicador (el impacto que tiene una actividad
en toda la economía) de las actividades del sector farmacéutico, el más reciente protagonista del enclave, es bajo.[61] No es
casualidad: sus insumos vienen de afuera y su producción se
orienta hacia afuera. De su Ingreso Neto el 7.8 por ciento corresponde a la compensación de los empleados mientras que el
restante 92.2 por ciento se clasifica como ingresos procedentes
de la propiedad.[62] Sin mayores eslabonamientos (vínculos entre
unos sectores y otros y entre las empresas extranjeras y nacionales) y gozando de privilegios tributarios la probabilidad de que
la inversión directa externa suponga más costos que beneficios
es más evidente cada día.

El cuadro laboral es crítico. La debilidad del mercado laboral
de Puerto Rico, en la que se conjuga la incapacidad de generar
empleos con la creciente deserción de los puertorriqueños del
grupo trabajador, no tiene parangón. La tasa de participación
laboral de Puerto Rico es significativamente baja. Durante los
años fiscales 1980, 1990, 2000 y 2009 fue de 43.3, 45.5, 46.2
y 44.1 por ciento respectivamente. Si nos refiriéramos a países
sumamente diversos como Irlanda, Eslovenia, Costa Rica y Estados Unidos encontraríamos tasas en todos ellos que exceden
el 60 por ciento. Esta baja participación laboral en Puerto Rico
se ha intentado explicar en función de diversos fenómenos: la
incapacidad de una economía de enclave vinculada a Estados
Unidos para generar suficientes empleos, la particular estructura

---

of Development, John Hopkins University Press, 1985.

[60] El economista Angel Ruíz ha realizado numerosas investigaciones sobre
este particular. Refiérase a Angel Ruíz, *Los multiplicadores interindustriales
de Puerto Rico, 1963-1992*, **Unidad de Investigaciones Económicas** (UPR),
Ensayos y Monografías, número 133, 2007.

[61] James L. Dietz, **Puerto Rico, Negotiating Development and Change**,
Lynne Rienner Publishers, Boulder, 2003, págs.95-103.

[62] Junta de Planificación, Ingreso y Producto, 2008, tabla 13.

de las transferencias gubernamentales disponibles para los residentes de la Isla y la existencia de una floreciente economía informal. Independientemente del peso que puedan tener éstas y otras explicaciones, el hecho es que de la población que tiene 16 años o más (3,081,000 personas) se cuenta con 1,320,000 personas que están en el grupo trabajador y con 1,761,000 personas que están fuera del mismo.[63]

De los que están en el grupo trabajador se encuentran desempleados 217,000, lo que genera una tasa de desempleo de 16.3 por ciento para septiembre de 2009. Mientras la tasa de participación en Puerto Rico ha sido en extremo baja, la tasa de desempleo se ha mantenido tercamente alta. Durante los años fiscales 1980, 1990, 2000 y 2009 la tasa de desempleo fue de 17.0, 14.3, 11.0 y 13.4 respectivamente. Cabe postular, claro está, que si la tasa de participación fuera más alta se registraría una tasa de desempleo también mucho más elevada. Por ejemplo, si fuera, como en los ejemplos citados, de alrededor de un 60 por ciento la tasa de desempleo se duplicaría.

¿Dónde están las 1,761,000 personas que según la encuesta de septiembre de 2009 del Departamento del Trabajo no pertenecen al grupo trabajador? La mayoría aparecen clasificados en dos categorías: oficios domésticos (608,000) y escolares (316,000). Le siguen en importancia los retirados (306,000) y los discapacitados (239,000). A estos se suman los que informan alguna condición de salud o impedimento (69,000). Aparece también una categoría de aquéllos que se consideran muy jóvenes o muy viejos para el trabajo (119,000). Por último, cabe agregar los que informan carencia de destrezas, los que simple y llanamente responden que no quieren trabajar y los que se diagnostican como desalentados (104,000). Por cierto, si sumáramos solamente esta última cifra al conjunto de los desempleados entonces la suma de estos, en lugar de 217,000 sería de 321,000. Esto significaría

---

[63] Para los datos de empleo y desempleo la fuente fue el Departamento del Trabajo y Recursos Humanos: su publicación de promedios correspondiente al año fiscal 2009 y su publicación mensual para el mes de septiembre de 2009.

una tasa de desempleo de alrededor de 22 por ciento. Por este camino la descomposición social, como ha quedado comprobado, es inevitable. Pero todavía se insiste en continuar las mismas rutas políticas.

La sucesora de la Ley de Incentivos Industriales de 1947, la Ley Número 73 del 27 de mayo de 2008, junto a otros estatutos tributarios, continúa la misma política económica. Esta política ha estado montada en un largo historial de consenso entre el Partido Popular Democrático (PPD) y el Partido Nuevo Progresista (PNP). Una de las últimas expresiones de este consenso fue, precisamente, la aprobación de la mencionada ley, con la oposición, como en instancias anteriores, del Partido Independentista Puertorriqueño (PIP). La diferencia es que las nuevas leyes son más generosas con las corporaciones, más costosas y menos efectivas. La ley del 27 de mayo de 2008 (Ley de Incentivos Económicos para el Desarrollo Económico de Puerto Rico) concede una tasa de contribución sobre ingresos a las empresas "exentas" que oscila entre el 2 y el 7 por ciento del denominado ingreso de fomento industrial. Esta tasa contributiva puede ser menor al 2 por ciento, inclusive cero, si se determina que el negocio exento constituye una actividad pionera con tecnología novedosa. Además, la ley provee todo una serie de deducciones, créditos y exenciones adicionales: deducción por nómina, deducción por gastos de adiestramiento, deducción por gastos de investigación y desarrollo, deducción por inversión en estructura y equipo, crédito por pérdidas de la compañía matriz, crédito por compras de productos manufacturados en Puerto Rico, crédito por pago de regalías y derechos de licencia, exención de contribuciones municipales y estatales sobre propiedad mueble e inmueble, exención de arbitrios estatales y exención de patentes y otras contribuciones municipales.

A la Ley de Incentivos se suman numerosos estatutos tributarios especiales que benefician a las corporaciones y sociedades "no exentas". Las reducciones en la responsabilidad tributaria corporativa se manifiestan en la creciente brecha entre las tasas nominales y las tasas a que efectivamente se paga. Resulta elocuente que las rentas netas del gobierno de Puerto Rico provenientes de contribuciones han disminuido, como cociente del Producto Nacional Bruto, de 16.2 por ciento en el año fiscal 1999 a 11.3 por ciento en el año fiscal 2009. Huelga señalar que durante este periodo ha continuado la multiplicación de concesiones tributarias sin efecto positivo en la actividad productiva. Si para el periodo 2009-2010 dicho cociente hubiera sido el que prevaleció para el año 1999 (16.2 por ciento), la recaudación sobrepasaría los $10,000 millones anuales, más de $3,000 millones de lo que Hacienda ha estimado.[64]

La gran contradicción es que la exención contributiva ha perdido efectividad como instrumento de promoción de inversiones a la misma vez que ha debilitado la capacidad del gobierno tanto para proveer servicios a la ciudadanía como para promover actividad económica. Ni la austeridad fiscal ni los privilegios tributarios constituyen un polo automático de atracción para la actividad de inversión. De hecho, como demuestran estudios recientes, suelen constituir señales de alerta si se interpretan como debilidad del aparato público en la provisión de infraestructura y en la prestación de servicios sociales básicos como educación, salud y seguridad.[65]

Justo antes de que se aprobara la Ley de Incentivos de 2008 se habían renovado las advertencias críticas respecto a tal política industrial en un voluminoso libro publicado por el Centro para la Nueva Economía y la Brookings Institution.

James Alm, especialista en el tema con experiencia como asesor en varios países, subraya en este texto que debe resistirse la tentación de promover la política industrial o social a través del sistema contributivo.[66] Recomienda mantener los tipos contri-

---

[64] Junta de Planificación, **Informe Económico al Gobernador** (Apéndice Estadístico) 2009, febrero 2009, tabla 27.

[65] Nathan M. Jensen, **Nation States and The Multinational Corporation, A Political Economy of Foreign Direct Investment**, Princeton University Press, Princeton, 2006, pág. 5.

[66] James Alm, *Assesing Puerto Rico's Fiscal Policies*. **The Econmy of Puerto Rico Restoring Growth**, ed. Susam M. Collins, Barry P. Bosworth y Miguel

butivos en niveles similares a los de los países vecinos y a los de los países exportadores de capital. Arguye que resulta insostenible un sistema, como el de Puerto Rico, en el que las corporaciones tributan a tasas regulares por excepción y no como norma. Esto significa que las tasas tributarias que disponen las leyes se convierten en letra muerta ante el andamiaje de exenciones, créditos y deducciones. Además, señala que a los incentivos fiscales en Puerto Rico no se les sigue la pista; es decir, no son evaluados o cuantificados y sus supuestos efectos en el crecimiento económico no son seguros. De acuerdo a su experiencia el balance neto es que los beneficios rara vez exceden los costos.

En estudios recientes sobre otros países se señala que el vínculo entre la inversión directa externa y los tipos contributivos ha sido exagerado y que estos no son el determinante más importante en la decisión de ubicación de las empresas.[67] Se recalcan otros factores en la promoción industrial como, por ejemplo, la existencia de un aparato gubernamental que tenga un alcance claro y coherente de autoridad, peritaje técnico y altos niveles de educación, infraestructura adecuada, acceso a nueva clientela, alcance de la política comercial y vínculos internacionales.

En los primeros tres factores Puerto Rico ha perdido competencia: el aparato gubernamental es obtuso y, como advirtiera Tobin, crecientemente intervenido por prioridades dictadas por distintas instancias del gobierno federal de Estados Unidos; el sistema educativo está lastrado de problemas; y la infraestructura (carreteras, agua, energía eléctrica) está deteriorada. Los servicios son deficientes. Para colmo, la insuficiencia fiscal, alimentada por las exenciones tributarias, abona al continuo menoscabo en todas estas dimensiones.

En los restantes tres factores (clientela, política comercial y vínculos internacionales) Puerto Rico siempre ha carecido de ventajas comparativas por la sencilla razón de que no dis-

---

A. Soto Class, Brookings Institution Press, Washington D.C., 2006, págs. 319-371.

[67] Natham M. Jensen, op.cit.

pone del poder para negociar tratados internacionales. Con la importancia que han asumido estos ante la intensificación del intercambio comercial, tal carencia de poder se ha tornado más crítica. Además, desde el principio las exportaciones de Puerto Rico se orientaron al mercado de Estado Unidos. Esta senda está ahora marcada por dos desventajas: el privilegio de acceso no es lo que era porque otros países lo han ganado; y el capital estadounidense que se establece en Puerto Rico, que es el más que se promueve, no gana nueva clientela mientas éste no sea plataforma de exportación para otras regiones.

También ha cobrado importancia la capacidad para la formación de operaciones conjuntas entre el capital externo e interno así como la articulación de eslabonamientos en la economía. Esto facilita la transferencia de tecnología y conocimiento, sobre todo cuando se negocian acuerdos explícitos sobre el particular. La atracción de capital externo a Puerto Rico en función de una política orientada a la movilización del capital interno y al establecimiento de tratados y vínculos con los mercados de distintos países no es posible bajo las restricciones vigentes.

Las advertencias que por décadas se han hecho respecto a la política económica de Puerto Rico han sido desoídas. Mientras tanto, cada día que pasa los problemas se agravan y el gobierno de Puerto Rico pierde capacidad para lidiar con ellos en la medida en que su respuesta no sea otra que la política de la subordinación y la dependencia. Se toma trágicamente por solución lo que en efecto es el problema de fondo.

Durante la última contracción económica la única apuesta significativa se ha circunscrito a cabildear por los fondos provenientes de la *Ley de Recuperación y Reinversión de América* (ARRA, por sus siglas en inglés). Estos fondos, que no son recurrentes puesto que se limitan a dos años, no significan nueva gestión empresarial generadora de empleos. El grueso se diluye en consumo con un efecto disminuido por el alto coeficiente de importación del mismo. Su efecto más profundo ha sido alimentar la perniciosa y paralizante psicología de la subordinación y de la dependencia.

La contracción no se puede despachar como una "recesión" o "depresión" o como un fenómeno característico de los ciclos que caracterizan a las economías de mercado. En primer lugar, la llamada "recesión criolla" comenzó en marzo de 2006, mucho antes que la debacle financiera que precipitó la recesión en la economía estadounidense y en otras economías. En segundo lugar, la economía de Puerto Rico, luego de la reforma gubernamental de la década de 1940 y del paréntesis de crecimiento hipertrófico a base de la industrialización por invitación durante los años de 1950 y 1960, hace décadas que está agotada. El mal de fondo es el enclave colonial.

VI. IMPERATIVO DE LA INDEPENDENCIA

La década en la que se inauguró la criatura política del Estado Libre Asociado se acompañó de incrementalismo económico vía la inversión directa externa promovida por operación Manos a la Obra. Durante esos años predominaba el elogio revestido de las obligadas hipérboles: "vitrina de la democracia", "puente de las Américas", "modelo de desarrollo", "milagro económico"... Esto se avalaba con toda una serie de indicadores económicos que demostraban el continuo crecimiento de la actividad productiva. Se daba por sentado que Puerto Rico estaba inscrito en un extraordinario proceso de "modernización" conducente al más pleno desarrollo. Se anticipaba con desbordante entusiasmo la inevitable convergencia con los indicadores de la economía de los Estados Unidos. El contexto en que todo esto se inició era, como ya se anticipara, muy particular. Europa y Japón se encontraban en reconstrucción luego de haber sido escenarios de la Segunda Guerra Mundial; Estados Unidos y Canadá eran los únicos países industriales en pie; China estaba aislada del resto del mundo; prevalecía la rivalidad de Estados Unidos y la Unión Soviética en la llamada *Guerra Fría*; América Latina estaba sofocada por gobiernos en su mayoría reaccionarios o dictatoriales; y, con la descolonización, algunos países comenzaban la exploración de nuevos caminos, sobre todo en Asia.

Las críticas que se pudieran hacer entonces a la *vitrina* eran rápidamente descartadas ante la evidencia indiscutible del crecimiento económico. Sus *efectos colaterales*, fuera la subordinación política, la creciente dependencia económica, el languidecimiento agrícola, la emigración masiva, la persistencia del desempleo o la degradación ambiental, no ocupaban un lugar prominente en los textos. En el mejor de los casos se resumían en una referencia fugaz o en una nota al calce; en el peor de los casos eran ignorados o, inclusive, negados. Algunos presumían que estos "efectos colaterales" eran meras insuficiencias de corto plazo; otros los aceptaban como el *"precio que hay que pagar por el progreso"*. Ciertamente, ante los males nunca han faltado las racionalizaciones.

El agotamiento de la economía de Puerto Rico, su creciente descomposición social, así como su cada vez más evidente falta de correspondencia y sintonía respecto a la economía estadounidense y a la economía mundial, ha alterado radicalmente la percepción de los *efectos colaterales*. Ahora son estos los que ocupan el lugar más prominente en los textos.[68] Las altas tasas de crecimiento económico han desaparecido de la escena. Ya no pueden ser invocadas como racionalización o mistificación de un orden institucional débil. La desnudez del maniquí en la vitrina ya no se puede ocultar, aunque aquí y allá no faltan esfuerzos para disimularla.

El desarrollo, contrario a lo ocurrido en Puerto Rico, es un

---

[68] Cuatro trabajos recientes, dos de éstos son informes originados en el Congreso de Estados Unidos y los restantes dos son libros profesionales, destacan estos "efectos colaterales": United States Government Accountability Office, **Puerto Rico: Fiscal Relations with the Federal Government and Economic Trends during the Phaseout of the Possessions Tax Credit**, Washington D.C., May 2006; Joint Committee on Taxation, **An Overview of the Special Tax Rules Related to Puerto Rico and An Analysis of the Tax and Economic Policy Implications of Recent Legislative Options**, Washington D.C., June 2006; Comision Económica para América Latina (CEPAL), **Globalización y Desarrollo: desafíos de Puerto Rico frente al siglo XXI**, México D.F., 2005; ed. Susan M. Collins, Barry P. Bosworth y Miguel A. Soto Class, **The Economy of Puerto Rico Restoring Growth**, Brookings Institution Press, Washington D.C., 2006.

proceso que mejora la calidad de vida. Por un lado aumenta la disposición de bienes (artículos y servicios); por otro lado reduce los males, como la desigualdad, la criminalidad, el desempleo, la degradación ambiental, la enfermedad y la ignorancia. Crea un marco institucional adecuado para la convivencia digna y sana, orientado a superar la subordinación en todas sus formas y a cultivar la autoestima para que el ser humano se realice a cabalidad. Ambos vectores del desarrollo, el de la producción de bienes y el de la reducción de males, están operando en Puerto Rico a la inversa: la actividad productiva se deteriora y los males se acentúan.

El desarrollo económico no es un fenómeno espontáneo. Se da en función del diseño institucional. Éste en estos momentos requeriría del poder para concertar tratados internacionales (comerciales, tributarios, ambientales y culturales, entre otros); la reestructuración del sistema contributivo tanto en función de la equidad y del desarrollo como para poder aprovechar plenamente dispositivos de créditos tributarios existentes en los códigos de otros países; la exploración de nuevos procesos de producción entre los que sobresalen elementos como la diversidad de destrezas de los trabajadores y la tecnología orientada hacia los sistemas flexibles de producción; y la movilización de recursos nacionales, lo que implica tanto aumento y canalización de ahorros hacia la gestión productiva así como el diseño y la promoción de diversas formas empresariales. Junto a las empresas convencionales caben las empresas de capital conjunto, las cooperativas de producción, las empresas comunales, etc. Esto no agota la lista de cambios institucionales. Estamos en un mundo en el que los cambios tecnológicos y socioeconómicos son extraordinariamente rápidos. La lista nunca se agota. Es cambiante. Por ello es que Douglas North insiste en la "eficiencia adaptativa": la capacidad para ajustarse a una realidad que se altera constantemente.[69] Dicho de otra forma, se trata de agilidad institucional: la dinámica de la articulación de las normas que rigen

---

[69] Douglas North, op. cit., pág. 78.

y las formas que asumen los organismos gubernamentales, las empresas, los sindicatos, las iniciativas comunales, las escuelas, las universidades, las unidades de investigación, los centros culturales y un sinfín de organizaciones sociales. Se trata, sobre todo, de la capacidad de vincular los objetivos del desarrollo con los instrumentos políticos necesarios para llevarlos a cabo.

Tal agilidad institucional es la que hace posible el desarrollo o, como puntualiza Richard R. Nelson, la "coevolución de la tecnología física y de la tecnología social".[70] La coevolución de los nuevos productos, de la infraestructura, de la educación, de las relaciones laborales, de las normas de los distintos talleres de trabajo y del sistema político es lo que permite colocar a un país en una buena posición "competitiva". Ya no se trata de la ventaja comparativa como consecuencia de la dotación de tales o cuales recursos sino de la conquista de "ventaja comparativa institucional".[71] Ésta se logra cuando la matriz institucional o combinación particular de instituciones nacionales propicia que los actores sociales actúen en correspondencia con los postulados del desarrollo y provee el instrumental necesario para así hacerlo.

La independencia de un país, el ejercicio de su soberanía, permite contar con una caja de herramientas con numerosos instrumentos institucionales. Se trata de una serie de poderes críticos para, por ejemplo, negociar tratados comerciales, controlar los flujos de la importación y exportación de bienes y de factores de producción, establecer normas sobre la transportación y las comunicaciones, disponer para el uso y conservación de los recursos naturales, estructurar el sistema tributario, articular las relaciones laborales y reglamentar al sector financiero. El uso inteligente del instrumental que contiene la caja de herramientas se debe orientar al ordenamiento interno del país y a su inserción

---

[70] Richard Nelson, *Institutions and Economic Growth: Sharpening the Research Agenda*, **Journal of Economic Issues**, vol. 41, núm. 2, 2007, pág. 318.

[71] Geoffrey Schneider, *Sweden's Economic Recovery and the Theory of Comparative Institutional Advantage*, **Journal of Economic Issues**, vol. 41, núm. 2, 2007, pág. 419.

en la red interactiva que llamamos mundo en función del desarrollo integral y sustentable.

Mientras más completa es la caja de herramientas mejor se realiza el trabajo. Esta vieja ley la conocen muy bien los buenos carpinteros, electricistas y plomeros. También la conocen los que intentan realizar tareas en el hogar que exceden la capacidad de su modesto inventario de herramientas.

Los usos aislados de cualquier instrumento en particular son limitados. Resultaría absurdo intentar atornillar o aserruchar utilizando un martillo. Tampoco sería aconsejable clavar con un destornillador. Al contar con ambos se puede clavar, desclavar, atornillar, destornillar y hasta apalancar. La complementariedad instrumental multiplica las funciones de cada herramienta.

Cada instrumento institucional es, como cada herramienta artesanal, incapaz de hacerlo todo. Los países se desarrollan en correspondencia con los instrumentos institucionales que contenga su caja de herramientas y con la complementariedad que se logre en el uso de estos para alcanzar la mayor multiplicación de funciones. Si faltan los instrumentos necesarios se oscila entre la construcción de un adefesio y la impotencia, es decir, entre el crecimiento hipertrófico y el estancamiento económico.

La caja de herramientas de Puerto Rico está prácticamente vacía. Sus pocos instrumentos institucionales, cada vez más menguados e inefectivos, provocan que las sucesivas administraciones gubernamentales luzcan como si estuvieran en una competencia de incapacidad. Ni pueden utilizar a cabalidad los pocos poderes que nominalmente tienen ni, mucho menos, conquistar los que no tienen.

Según no basta con un martillo para hacer una casa tampoco bastaría con la derogación de tal o cual restricción o con la obtención de tal o cual poder para establecer una política económica y comercial efectiva. Inclusive, la conquista de un instrumento aislado podría resultar contraproducente si, al no complementarse con otros instrumentos, no se logra el efecto esperado y el balance neto termina siendo insignificante. La resultante frustración no abonaría al proceso político necesario para la conquista plena de los instrumentos institucionales que debe contener la caja de herramientas.

Por ejemplo, eximir a Puerto Rico de las leyes de cabotaje de Estados Unidos que imponen la restricción de que la transportación de mercancías entre Estados Unidos y Puerto Rico se realice en barcos estadounidenses, parecería en principio positivo. Esto permitiría disminuir los costos de la transportación marítima y vencer las dificultades en el trazado de las rutas comerciales. Estas restricciones inhiben el potencial de multiplicar opciones comerciales con que, en parte por su privilegiada ubicación geográfica, cuenta Puerto Rico. Sin embargo, sería errado convertir la exención de las leyes de cabotaje en "la causa" porque, al así hacerlo, se exageraría su importancia y significaría ignorar o subestimar poderes críticos como los del control aduanero y, sobre todo, los que cobijan la negociación de tratados internacionales. Superar restricciones a expensas de menoscabar la conquista de poderes políticos medulares es insensato. Una caja de herramientas vacía no sirve; una caja de herramientas incompleta es engañosa y contraproducente.

Cada país articula nuevas relaciones y se inscribe en tratados existentes a base de una estrategia definida en función de determinados objetivos. Si, por ejemplo, Puerto Rico se propusiera desarrollar al máximo la industria de procesamiento de alimentos con tres objetivos medulares, estimular al sector agrícola, tener mayor seguridad alimentaria y aumentar las exportaciones, pues entonces trataría de vincularse con mercados que le permitieran complementar la producción agrícola interna con importación de bienes primarios para lograr la escala industrial deseada. Por otro lado, organizaría canales de distribución para colocar los alimentos procesados en el mercado nacional y en el extranjero. Con análogas estrategias desarrollaría otros sectores productivos así como el variado campo de los servicios. Para lograr esto, y lo que pudiera proponerse el pueblo puertorriqueño, hay que contar con una caja de herramientas bien equipada. Esta es la condición necesaria para el desarrollo. La condición suficiente radica en la voluntad y empeño del propio pueblo.[72]

La tara del colonialismo pesa. De no, ¿cómo se podría explicar la terca resistencia a buscar el ordenamiento normativo más adecuado para el desenvolvimiento socioeconómico del país? Priva una especie de síndrome de impotencia o degradación que en la dimensión individual un psicólogo no vacilaría en tratar. Pero no es una desviación individual. Es política. Y cuidadosamente cultivada. En tal faena se recurre a una serie de supuestas barreras objetivas que enfrenta la independencia y que impiden que Puerto Rico defina claramente sus intereses como nación.

De la subordinación política no se puede gestar un adecuado andamiaje institucional. Más allá de las diferencias de grado y del crecimiento económico coyuntural e hipertrófico, que de arranque hay que estipular, *la subordinación y la dependencia constituyen el caldo de cultivo de la debilidad institucional.*

La antítesis de la independencia es, obviamente, la dependencia. En la instancia de Puerto Rico el factor de dependencia más invocado son los llamados fondos federales. Por cierto, de haber sido verdadero el cuento del "milagro" económico los gobernantes de turno no se sentirían obligados a su constante e impúdico cabildeo por fondos federales. Pero estos, ni contribuyen al desarrollo ni constituyen la barrera infranqueable a la independencia que presumen los detractores de ésta. Por el contrario, son un síntoma del subdesarrollo.

Las transferencias brutas que reciben los individuos se clasifican en otorgadas o devengadas. Para recibir estas últimas, que representan alrededor del 80 por ciento del total, hay que cotizar. El programa dominante entre éstas es el Seguro Social, que para los años 2008 y 2009 supuso beneficios de $6,133.7 y $6,300.0 millones respectivamente. Por otro lado, las otorgadas sumaron

---

[72] Para un detallado análisis relativo al potencial agrícola y al desarrollo de diversa actividades manufactureras refiérase a René Marqués Velasco, **Nuevo modelo económico para Puerto Rico, Estrategias para el desarrollo de la industria y la agricultura local**, Editorial Cultural, 1993. Véase también Edwin Irizarry Mora, **Economía de Puerto Rico, evolución y perspectivas**, Thomson Editores, México D.F. 2001, (Capítulo 9).

en total $2,456.0 y $2,506.5 millones durante los citados años fiscales. Entre éstas el programa central es el Plan de Asistencia Nutricional: $1,513.0 millones en el año 2008 y $1,637.5 millones en el año 2009. A esto se suman las aportaciones al gobierno de Puerto Rico que para los dos años de referencia sumaron $2,704.1 y $2,896.5 millones.[73]

Adviértase que si se suman las transferencias otorgadas a los individuos y las aportaciones al gobierno de Puerto Rico la *medida de dependencia* para los dos años fiscales sería de $5,160.1 y $5,403.0 millones respectivamente. Para completar el cuadro cabe consignar unos $216 millones en subsidios federales a las industrias lo que significaría una suma de $5,619 millones para el año 2009. Valga consignar que en ocasiones se dan fondos no recurrentes ajenos a este cuadro contable como, por ejemplo, los que corresponden a la *Ley de Recuperación y Reinversión de América* (ARRA) para el periodo 2009–2011. En realidad, la supuesta *medida de dependencia* sirve de racionalización para darle permanencia al enclave colonial. Hay que hacer constar que la economía de Puerto Rico, con un Producto Nacional Bruto que excede los $60,000 millones y cuyo Producto Interno Bruto sobrepasa los $90,000 millones, hospeda un enclave económico que remite al exterior más de $30,000 millones anualmente. Los $5,619 millones a que hicimos referencia solo representan el 5.9 por ciento del Producto Interno Bruto de Puerto Rico, que para el año 2009 sumó $95,708 millones. Además, la partida que corresponde a las aportaciones al gobierno ($2,896.5 millones) es significativamente inferior al sacrificio en ingresos al fisco como consecuencia de las exenciones y créditos contributivos que se le conceden a las corporaciones sin que se traduzcan en actividad productiva para el país. A ésto se suma el costo de la imposibilidad de articular una política comercial en la que se combine el comercio libre selectivo con acceso preferencial en determinados mercados de importación y exportación junto a una estrategia racional de sustitución de importaciones. Defini-

---

[73] Junta de Planificación (febrero 2010), op. cit., tabla 21 y 22.

tivamente se trata de una dependencia perniciosa, costosa para los puertorriqueños.

Por otro lado, las transferencias devengadas de los individuos, como el Seguro Social y las Pensiones de Veteranos y otras, no están bajo discusión puesto que se trata de derechos adquiridos (*entitlements*). Naturalmente, se dispondría de una transición para los cotizantes de suerte que puedan establecerse las bases de la seguridad social de Puerto Rico.[74] Las cotizaciones y pagos al gobierno federal sumaron $3,756.9 millones durante el año fiscal 2009.[75]

Otra restricción que se le endilga a la independencia, en este caso un tanto absurda, es que las empresas extranjeras radicadas en el país lo abandonarían porque perderían el privilegio de acceso a Estados Unidos y porque quedarían cancelados sus privilegios contributivos. En realidad ahora es que se van. Por otro lado otros países, en virtud de los tratados, han ganado acceso al mercado estadounidense mientras que Puerto Rico carece del instrumental para negociar tratados y, sin perder el acceso a dicho mercado, ganar la entrada sobre bases más ventajosas a diversos mercados regionales y globales. Además, en la actualidad las empresas radicadas en Puerto Rico no gozan de privilegios tributarios especiales concedidos por el gobierno de Estados Unidos que no estén al alcance de otras jurisdicciones foráneas.

Lo que sí es importante reconocer es que no basta con atraer inversión directa extranjera. Hay que aprender a beneficiarse de la misma. Hay que minimizar sus costos (como el desplazamiento del empresariado nacional y la excesiva repatriación de ganancias) y maximizar sus beneficios (como la transferencia tecnológica, la inserción en múltiples mercados y la movilización de recursos locales). Ni lo uno ni lo otro ocurre automáticamente. Hay que diseñar los instrumentos institucionales adecuados para

---

[74] *Véase*, por ejemplo, el Proyecto del Senado del Congreso de Estados Unidos (S-712), **Puerto Rico Status Referendum Act** del 6 de septiembre de 1989..

[75] Junta de Planificación, op. cit., tabla 21.

esos fines. En esta instancia es imperativa la diversificación de las fuentes de inversión, lo que, a su vez, se vincula con la capacidad de articular tratados internacionales. Además, es crucial el eslabonamiento interindustrial porque esto le añade estabilidad a la base empresarial y amplía el potencial de generación de empleos. Esto presume un paulatino ascenso del capital nacional.

A medida que avanza el proceso de desarrollo económico hay que aumentar el peso relativo de la inversión de fuentes internas. Diferentes procesos de formación de capital implican distintos arreglos institucionales. No es lo mismo basar el proceso en ahorro empresarial que en ahorro público o en ahorro personal. Y hay que usarlos todos. Por ejemplo, el ahorro en las cooperativas de ahorro y crédito se aproxima a los $8,000 millones. Pero se trata de un sistema cooperativo que no está integrado y que se orienta eminentemente al financiamiento del consumo. No obstante, hay un potencial de formación de capital que espera por los cambios institucionales adecuados, como la integración de las cooperativas de ahorro y crédito y el auspicio de cooperativas de productores.

En ocasiones las objeciones a la independencia cobran carácter caricaturesco, como cuando se enarbola un dólar estadounidense a manera de elocuente pancarta. La clave aquí, como en tantas otras instancias, es partir de la premisa correcta: ninguna moneda genera desarrollo automáticamente. De poder generarlo, Puerto Rico se hubiera desarrollado desde que la Ley Foraker dispuso el uso del dólar en el año 1900. Pero no fue así. En realidad, el valor y la confianza de una moneda dependen de la salud económica de un país y no viceversa. El instrumental que se disponga para el desarrollo, como ya se ha recalcado insistentemente, es lo esencial. Independientemente de la moneda utilizada, es fundamental disponer de una política monetaria coherente que contribuya al desarrollo y la estabilidad macroeconómica.

Hoy día son muchas las posibilidades con que cuenta un país independiente en el campo monetario, incluyendo adoptar el dólar como divisa oficial; pero para disponer de una política monetaria soberana orientada hacia la estabilidad y el desarrollo se debe contar con una moneda propia. Esto, además, contribuye a disminuir el impacto de la inestabilidad u oscilaciones cíclicas de otras economías. Naturalmente, esto no excluye la opción de vincular el tipo de cambio de la moneda nacional a una divisa que sea el medio de pago principal entre los socios comerciales principales si se determinara que esto resulta conveniente.

Lo fundamental es apercibirse de que se debe adoptar el sistema monetario que más esté en correspondencia con la situación particular de la economía. En Eslovenia, por ejemplo, se transitó durante la década de 1990 del *dinar* de la federación yugoslava al *tolar* (moneda nacional eslovena) y, más tarde, al *euro* de la Unión Europea. Las transiciones, como han demostrado los excelentes indicadores económicos de este país de dos millones de habitantes, han sido exitosas. La multiplicidad de opciones monetarias abona a los intereses de los países de escala modesta.

Todavía hay quien insiste en tono fatalista –a contrapelo de la teoría económica, de la evidencia empírica y de las tendencias institucionales y tecnológicas– en la modestia geográfica y en la densidad poblacional a la misma vez que invoca, como prueba irrefutable de la buena fortuna de Puerto Rico, una lista de países cuyos indicadores económicos son más bajos. Pero no dice que tal lista es cada vez más corta y que países, algunos más pequeños que Puerto Rico, que antes no lo superaban lo están aventajando.[76]

En una investigación reciente se examinaron 67 variables en 88 países para explorar las determinantes del crecimiento económico sostenido o de largo plazo.[77] No se encontró vínculo significativo del mismo con ninguna de las variables asociadas al tamaño como, por ejemplo, población total o superficie geográfica. Las correlaciones significativas se dan con variables institucionales, como educación, ajenas al tamaño.

---

[76] The World Bank, op. cit., págs. 378-379.

[77] Xavier Sala-I-Martin, Gernot Doppelhoffer y Ronald I. Miller, *Determinants of Long-Term Growth: A Bayesian Averaging of Classical Estimates (BACE) Approach*, **The American Economic Review**, vol. 94, núm 4, 2004, págs. 813-835.

Es paradójico que las supuestas restricciones de la independencia resulten en ventajas para la misma, mientras que los vicios del orden vigente se invoquen como virtudes. El desarrollo, como lo definiera Amartya Sen, es un proceso de liberación, de superación de restricciones.[78] En Puerto Rico hay que vencer las restricciones impuestas por una torcida economía de enclave, una economía que fomenta la dependencia, el mantengo y un negocio criminal floreciente. Sin los instrumentos de la caja de herramientas ésto no es posible.

La colonia carece de tal instrumental. La estadidad también. Ésta, aparte de provocar la desaparición del menguado instrumental de la llamada autonomía fiscal, no añadirá ni un solo instrumento económico a la caja de herramientas y expondría irremediablemente al país a las fuerzas divergentes y negativas que caracterizan a las economías de mercado de gran escala. Los titulares sobre la economía de Estados Unidos son dominados por sus variables agregadas que toman en consideración dicha economía en su totalidad. Ni la desigualdad en la distribución del ingreso y en la posesión de riqueza, ni las diferencias en el nivel de la vida entre los estados federados, ni los focos de la pobreza urbana y rural que son parte permanente de su geografía suelen ser noticias de primera plana. Según los indicadores del Banco Mundial el país industrial y desarrollado con mayor injusticia distributiva es Estados Unidos. La estadidad no es, como algunos han dicho, "para los pobres" porque no es una fórmula para conjurar la pobreza. La estadidad condenaría a los puertorriqueños a ser un pueblo desnaturalizado, marginado, reducido al papel de minoría étnica dependiente, con las consecuencias nefastas que esto conlleva.[79]

Puerto Rico es una nación. Esto constituye una extraordinaria ventaja comprobada por la teoría y la historia económica. Como señala David S. Landes para explicar el desarrollo económico de

---

[78] Amartya Sen, **Development as Freedom**, Alfred A. Knopf Inc., New York, 1999.

[79] *Véase* Rubén Berríos Martínez, nota 155 y págs. 162-164, *infra*.

la cuna de la Revolución Industrial:

> *"...tuvo la ventaja de ser una nación. Con ello no me refiero simplemente a la jurisdicción de un soberano, ni a un estado o una entidad política, sino a una unidad con conciencia de sí misma, marcada por una identidad común, por una lealtad a los mismos valores y por la igualdad en términos de estado civil. Las naciones pueden conciliar las metas sociales con las aspiraciones e iniciativas personales y mejorar sus resultados merced a la sinergia colectiva. El conjunto siempre es superior a la suma de las partes. Los ciudadanos de una nación responden mejor al aliento y las iniciativas procedentes del estado; por su parte, el estado sabe mejor qué debe hacer y cómo debe hacerlo si se concierta con las fuerzas activas a nivel social. Las naciones pueden competir."*[80]

El desarrollo no es posible si se carece del instrumental que provee la independencia. Así lo demuestra la historia. Para su desarrollo Puerto Rico tiene que reconciliar su ordenamiento institucional con su naturaleza nacional. La independencia, el pleno ejercicio de la soberanía, es el imperativo para lograrlo.

---

[80] David S. Landes, **La Riqueza y la Pobreza de las Naciones**, Crítica, Barcelona, 2000, pág. 208.

III

Nacionalidad, ciudadanía y nacionalidad dual:
La Ciudadanía Americana y Puerto Rico

Rubén Berríos Martínez

La nacionalidad, ciudadanía y nacionalidad dual: La Ciudadanía Americana y Puerto Rico

INTRODUCCIÓN

Los conceptos de nacionalidad, ciudadanía y nacionalidad dual son centrales para la adscripción de las personas naturales o jurídicas a un determinado estado nacional. Pero no basta lo anterior para emprender un estudio sobre el significado, naturaleza, origen, desarrollo e implicaciones de dichos conceptos. Como advirtió Borges: *"¿Quién se resigna a buscar pruebas de algo no creído por él o cuya prédica no le importa?"*[1]

Al autor le importa el problema de la nacionalidad. El hijo de quien escribe ostenta, por razón de nacimiento, la ciudadanía o nacionalidad[2] "americana"[3] , o de Estados Unidos y al mismo tiempo, por *ius sanguinis*, la nacionalidad sueca, pero es por crianza, tradición y sentimiento de nacionalidad puertorriqueña.

---

[1] Jorge Luis Borges, *Las tres versiones de Judas*, **Obras Completas**, Ed. EMECE, 1989. p. 514.

[2] Por regla general en Estados Unidos ambos conceptos son usados como sinónimos, aunque como señalaremos más adelante existe una distinción jurídica entre ambos. *Véase* pp. 104 y 105 *infra*.

[3] El término *ciudadanía americana* se usa para referirse en palabras de uso común —tanto en Estados Unidos como en Puerto Rico— a los ciudadanos de Estados Unidos de América, aunque el adjetivo americano se extiende en su acepción más propia a todos los habitantes del Norte, Centro, Sur América y el Caribe.

Por esa singular circunstancia el problema de la nacionalidad o ciudadanía cobra un carácter esencialmente personal y afectivo. Además, el que escribe es puertorriqueño, hijo de un país cuyos habitantes son ciudadanos de otro país, Estados Unidos, cuya ciudadanía es considerada por muchos compatriotas como factor indispensable en su vida. Entonces el problema cobra carácter de urgente naturaleza política, social y económica. Estas son poderosas razones para estudiar y analizar a profundidad el concepto de nacionalidad. Para ello hay que apartarse del *mundanal ruido*[4] y construir un marco conceptual y doctrinario que sea aceptable como punto de partida para el análisis.

Inicialmente me centraré en la doctrina general de la nacionalidad y la nacionalidad dual. Pasaré a considerar los desarrollos de dicha doctrina en Estados Unidos. Luego discutiré la naturaleza de la ciudadanía de Estados Unidos en Puerto Rico. Posteriormente indagaré sobre la reciente enmienda de nacionalidad dual a la Constitución Mexicana y sus consecuencias para Estados Unidos. Concluiré analizando la nacionalidad, la ciudadanía y la nacionalidad dual y su relevancia para el futuro de Puerto Rico.

I. EL MARCO HISTÓRICO DE LA DOCTRINA

Para comprender la naturaleza e implicaciones de los conceptos de nacionalidad, ciudadanía y nacionalidad dual es necesario comprender las condiciones históricas, políticas y sociales que dieron origen a los mismos.

El concepto de nación –y por ende de nacionalidad– remonta sus orígenes a la antigüedad. No obstante, el concepto jurídico de nacionalidad, es uno relativamente moderno que al igual que el derecho internacional, está íntimamente ligado al surgimiento del estado nacional.[5]

---

[4] *"Qué descansada vida / la del que huye del mundanal ruido / y sigue la escondida / senda por donde han ido los pocos sabios que en el mundo han sido."* Fray Luis de León, *Vida retirada*, **Las mil mejores poesías de la Lengua Castellana**, Ed. Ediciones Ibéricas, Madrid, 23 ra. ed., 1973). p. 130.

[5] El surgimiento del estado nacional, por regla general, se hace coincidir con la

Originalmente los conceptos de nacionalidad y nación se referían a la pertenencia a una entidad social y cultural. Nación, del verbo latín *nascere* o nacer, se refería al lugar de nacimiento o, por extensión, al lugar o país de crianza ya que originalmente las personas tendían a criarse cerca del lugar de su nacimiento. Una nación es, según la definición clásica del término: *"un conjunto de personas que tiene el mismo origen y que generalmente habla un lenguaje común y tiene una tradición común"*.[6] El territorio, la historia, los símbolos y rituales comunes son otras de las características asociadas a la nación. Sin embargo, la unidad política no es una característica indispensable de la nación en su sentido originario. Por ejemplo, los griegos siempre fueron considerados como un solo pueblo o miembros de una sola nación pues, aunque no tenían unidad política, tenían ascendencia, lengua y costumbres comunes.[7]

En contraste, luego del surgimiento del estado nacional, los conceptos de nación y nacionalidad también comenzaron a utilizarse con referencia a la pertenencia a una organización política que podía estar compuesta por una o varias nacionalidades;[8] y

---

caída del Sacro Imperio Romano y la muerte de su último emperador Federico III en 1493; y el comienzo del Derecho Internacional moderno con la época posterior a la Guerra de los 30 Años (1618-1648). Los primeros tratados de Derecho Internacional son también de esta época, (Gentills, **De Iure Belli**; Hugo Grocio, **De Iure Belli Ac Pacis** y Pufendorf, **De Iure Naturae et Gentium**). Para un muy breve resumen de fácil acceso de los antecedentes e historia del Derecho Internacional *véase e.g.* Louis Henkin ET. AL., **La introducción histórica**, International Law-Cases and Material, pp. 33-40 (2da ed. West Publishing Co., St. Paul Minn. 1987). Respecto al desarrollo histórico del estado nacional y el nacionalismo *véase* Adrian Hastings, **The Construction of Nationhood, Ethnicity, Religion and Nationalism**, Cambridge University Press, 1997; Liah Greenfeld, **Nationalism, Five Roads to Modernity**, Harvard University Press, 1993; David Miller, **On Nationality**, Oxford University Press, 1995.

[6] **Diccionario de Lengua Española**, Real Academia Española, 20ed., 2001.

[7] Herodoto, *Los nueve libros de la Historia*, Libro VIII, en **Historiadores griegos**, Editorial EDAF, Madrid, 1972. p. 689..

[8] Las ventajas de los países de común identidad han sido ampliamente

los primeros estados nacionales de Europa, como Francia, España y Gran Bretaña, fueron estados multinacionales. Además, como consecuencia de las revoluciones americana y francesa de finales del siglo 18, el término *estado nacional* se confundió con el término *nación* que vino a significar un cuerpo de ciudadanos cuya voluntad encontraba expresión en un estado político. Para los franceses y norteamericanos *"nosotros el pueblo"* se refería a los ciudadanos de Estados Unidos y de Francia, aunque por ejemplo los corsos, los bretones y los vascos no pertenecían a la misma etnia que la gran mayoría de los franceses. En Estados Unidos la mayoría de los ciudadanos eran de extracción anglosajona, aunque otros provenían de diversos pueblos europeos.

A la luz de dicha historia, no debe extrañar la confusión que en muchos genera el término nación; ni que en la literatura, tanto jurídica como de otras ciencias sociales, particularmente en Estados Unidos, los términos nacionalidad y ciudadanía se usen prácticamente como sinónimos.

No obstante lo anterior, existe diferencia entre ambos térmi-

---

reconocidas por prominentes teóricos políticos de las más diversas épocas. Aristóteles señaló en su **Política** que *"es difícil, si no imposible"* que un estado de gran población y consecuentemente heterogéneo *"sea regido por buenas leyes"*. Montésquieu, en su **El espíritu de las Leyes**, sostenía que en una república pequeña, y por ende de población homogénea, *"el bien común... se conoce mejor y está más cerca de cada ciudadano"*. Y John Stuart Mill, argumentaba que, por norma general, *"las instituciones libres son prácticamente imposibles en un país compuesto por diversas nacionalidades"*.

Estos clásicos expresaban lo evidente. La solidaridad social y los requerimientos psicológicos básicos, que son necesarios para constituir una comunidad política verdaderamente viable, son consustanciales a la nacionalidad e incapaces de ser generados exclusivamente por factores económicos.

Pertenecer a un país presupone lograr amplios consensos respecto a la política pública a regir, pero mientras más heterogéneo el país, más difícil el acuerdo; y, por el contrario, a mayor homogeneidad mayor posibilidad de armonía. Por eso, al presente, por ejemplo, es ampliamente reconocido que la clave del desarrollo económico consiste en establecer un balance adecuado entre los beneficios del tamaño y los costos de la heterogeneidad que acarrea el gran tamaño de una nación. *Véase* Alesina y Spoloare, **The Size of Nations**, Institute of Technology, Mass., 2003.

nos no solo social y cultural, sino también jurídica. El término *"ciudadano, en su acepción general es aplicable sólo a la persona que ostenta los plenos derechos políticos y civiles en el cuerpo político del estado"* y el término nacional se aplica a *"la persona, que aunque no es ciudadano le debe fidelidad permanente a un estado y tiene derecho a su protección".*[9] La ciudadanía,[10] en los ordenamientos jurídicos de estados como México, Paraguay y Colombia, Chile, Brasil y Venezuela, entre otros, es un concepto de carácter jurídico interno que se refiere a la capacidad de la persona para ejercer sus derechos políticos. Por otra parte la nacionalidad es un concepto de carácter jurídico internacional que une a la persona a un estado. La distinción entre ciudadanía y nacionalidad también ha sido utilizada en relaciones coloniales para diferenciar entre los ciudadanos con plenitud de derecho del estado nacional y los súbditos de las colonias, llamados nacionales, que estaban bajo la protección internacional del estado nacional.[11]

El Estado Nacional y la Nacionalidad

Luego del siglo 17, con la gradual consolidación de su poder a través de Europa, el estado nacional pretendió reclamar poder exclusivo sobre las personas que habitaban su territorio. Esa exclusividad sobre las personas significaba el poder sobre las

---

[9] G. Hackworth, 3 Dig. of Int'l Law, pp. 1-2 (1942).

[10] Este escrito limita su análisis de la ciudadanía a la época posterior al surgimiento del estado nacional moderno. El término ciudadanía en el derecho romano y en épocas anteriores está fuera del alcance del mismo.

[11] Estados Unidos ha tenido bajo su jurisdicción a un número considerable de personas que no eran ciudadanos de esa nación, como lo eran los negros antes de su emancipación y los indios americanos, cada uno bajo un régimen jurídico particular. Por virtud de la Guerra Hispanoamericana del 1898, como veremos más adelante, los habitantes de Filipinas, Guam y Puerto Rico pasaron a ser nacionales, pero no ciudadanos de Estados Unidos, y los puertorriqueños, según la Ley Foraker, también "ciudadanos de Puerto Rico". Con respecto a la condición de los habitantes de Samoa como nacionales de Estados Unidos. *Véase* Arnold H. Leibowitz, **Defining Status: A Comprehensive Analisis of U.S. Territorial Relation**, Martinus Nieoff Pub., 1989. p. 450..

riquezas de éstas y su lealtad en caso de guerra.

Aunque las antiguas lealtades reclamadas por el clan, la región, el imperio o la religión mantenían todavía gran vigencia, la lealtad primaria hacia el estado nacional fue paulatinamente ocupando un lugar de primacía. Como consecuencia, la determinación de la nacionalidad de las personas se dejó casi exclusivamente bajo la jurisdicción del derecho interno de cada estado y recibía escasa atención del derecho internacional. No es de extrañar, por lo tanto, que luego de siglos de consolidación del estado nacional el Artículo 1 de la Convención de La Haya, relativo a las leyes de nacionalidad, del 1930,[12] dispone que "cada estado determin[e], según sus propias leyes, quiénes son sus nacionales".[13]

Establecida la hegemonía del estado nacional, la nacionalidad se convirtió, para expresarlo en los términos más sencillos, en el lazo jurídico que unía a una persona a un determinado estado nacional. Desde entonces, el Derecho de Nacionalidad, a su vez, se refiere básicamente a las condiciones que cada estado impone para la adquisición o pérdida de su nacionalidad y a las consecuencias, los derechos y obligaciones que surgen de la adquisición o pérdida de la misma.

Tradicionalmente los estados confieren su nacionalidad a una persona por razón de nacimiento en su territorio (*ius solis*) o por razón de descendencia (*ius sanguinis*) o por una combinación de ambas. El concepto de *ius sanguinis*, que tiene su origen en la familia, el clan o la tribu, es el que prevalece en la mayor parte de los países europeos y asiáticos. El concepto de *ius solis*, que tiene su origen en el sistema feudal, constituye la base de las leyes de nacionalidad de Estados Unidos, Gran Bretaña y la mayoría de los países latinoamericanos. Pero, además del lugar de nacimiento o la descendencia, existen otras condiciones o circunstancias que posibilitan la concesión de la nacionalidad

---

[12] **Convention on Certain Questions Relating to the Conflict of Nationality Laws,** firmado en La Haya, 12 de abril del 1930, 179 L.N.T.S.

[13] Idem.

por parte de los estados, como pueden ser la naturalización, la transferencia de territorio, el domicilio, el matrimonio y la adopción, entre otros.[14]

Las maneras de adquisición o pérdida de la nacionalidad, al igual que los derechos y obligaciones que surgen de la misma, dependen de la legislación nacional. De ahí que los derechos políticos, el derecho a ocupar cargos públicos, el derecho a la protección en el extranjero, al igual que las obligaciones militares y el deber de lealtad, entre otros, son tan variados como los diversos ordenamientos nacionales.

No obstante el poder del estado para determinar la nacionalidad de las personas, no es de la absoluta competencia nacional. Baste mencionar que la segunda oración del Artículo 1 de la Convención de la Haya dispone que dichas leyes de nacionalidad deben ser consistentes "con las convenciones internacionales, la costumbre interna y los principios de ley generalmente reconocidos respecto a la nacionalidad".[15]

Aunque no es tarea sencilla definir cuáles son los límites específicos que el derecho internacional le impone al poder del estado para adscribir la nacionalidad, existen ciertas limitaciones obvias. De no existir límite alguno de carácter internacional respecto a la determinación del estado sobre adquisición y pérdida de su nacionalidad, cualquier estado podría reclamar como sus nacionales a todos los seres humanos, lo cual sería absurdo. Más aún, cualquier intento, por ejemplo, por parte de un estado de naturalizar personas que no han tenido conexión de índole alguna con ese estado sería contrario al derecho internacional.[16]

La jurisprudencia y la práctica internacional confirman que

---

[14] Para un útil compendio de las normas de diversos estados nacionales sobre las normas relativas a la adquisición y pérdida de la nacionalidad *véase* **Laws Concerning Nationality**, U.N. Legislative Series 4 (1954), ST/LEG/SER. B4.

[15] **Convention on Certain Questions Relating to the Conflict of Nationality Laws**, firmada en La Haya, 12 de abril del 1930, 179 L.N.T.S.

[16] *Véase* Ruth Donner, **Harvard Research in Internationa Law**, Cap. 2 *Nationality,* 1929. p. 26..

la adscripción de nacionalidad no es un asunto de la exclusiva competencia nacional. Los estados, por ejemplo, sólo pueden conferir su nacionalidad a las personas cuando éstas tengan una relación real y estrecha con los mismos, y para juzgar la naturaleza de dicha relación se tendrá que tomar en cuenta el lugar de nacimiento, la afiliación o los otros criterios que ya han sido mencionados.[17] De no existir dicha relación, la concesión de la nacionalidad sólo puede tener efectos internos y no puede otorgar, por ejemplo, derechos frente a otros estados, como sería el de la protección diplomática. El vínculo de la nacionalidad es lo que le da al estado el derecho de protección diplomática en beneficio de la persona. Ese derecho se refiere a la acción unilateral por parte de un estado a favor de sus nacionales en el exterior y puede incluir desde protestas y amenazas hasta intervenciones de distintos tipos –excluyendo acciones de guerra. Aunque exis-

----

[17] En el caso de *Nottembohm–Lichstestein vs Guatemala* de 1955, la Corte Internacional de Justicia se planteó si Guatemala, luego de Nottembohm, de nacionalidad alemana, haber adquirido la nacionalidad de Lichstestein sin tener relación alguna real con ese país y de residir en Guatemala sin ser guatemalteco, estaba obligada a reconocer dicha nacionalidad. La corte decidió que Guatemala no estaba obligada ya que Nottembohm se convirtió en ciudadano de Lichstestein *"con el propósito exclusivo de estar bajo la protección de Lichstestein –pero sin imbuirse en las tradiciones, los intereses, la forma de vida o sin asumir sus obligaciones– y ejercitando los derechos del status así adquirido"*. **Nottembohm–Lichstestein vs Guatemala**, CIJ (Recueil 1955),

Véase también **Opinión Consultiva de los Decretos de Nacionalidad Túnez-Marruecos** CIJ (1923). Los decretos en cuestión se referían a personas nacidas en territorio de los protectorados franceses de Túnez y Marruecos a quienes se les adscribió nacionalidad tunecina y marroquí. Aún cuando Gran Bretaña reclamaba a dichas personas como súbditos la corte decidió que la competencia de un estado para legislar sobre materia de nacionalidad *"no es en el derecho internacional una materia de exclusiva jurisdicción doméstica"*.

Desde mucho tiempo también está claramente establecido que la sola posesión de propiedad inmueble o la residencia transitoria en un país no es suficiente para adquirir una nacionalidad que tenga eficacia según el derecho internacional. *Véase* Ralston, **The Law and Procedure of International Tribunal**, p. 186 (2da ed. 1926). (los casos de Anderson y Thompson y Elliot de la Comisión Estados Unidos-México del 1868).

te abundante normativa[18] y práctica internacional al respecto, los países más poderosos, como es natural, siempre han insistido en ampliar el concepto de protección diplomática, mientras los más débiles se han resistido a dicha tendencia.[19]

La Nacionalidad Dual o Múltiple

La nacionalidad dual o múltiple es parte integral de la doctrina sobre la nacionalidad. El ejemplo más frecuente es el de nacionalidad dual por nacimiento que surge por la aplicación de *ius solis* e *ius sanguinis* a un solo individuo; es decir, el de una persona que por nacimiento adquiere la nacionalidad del país donde nació y por sangre la del país de sus padres.[20]

Tradicionalmente la nacionalidad dual ha sido vista con recelo por los estados siempre interesados en controlar los valiosos recursos humanos y sospechosos de la lealtad de sus nacionales duales en caso de conflicto bélico o de otra naturaleza. Sin em-

---

[18] *Véase* **Barcelona Traction Light and Power Company,** (*Belgium v. Spain*) 1970 I.C.J. p. 3 La corte dispone que *"en ausencia de un acuerdo especial es el vínculo de la ciudadanía entre un estado y un individuo lo único que confiere el derecho a protección diplomática a ciudadanos extranjeros en su territorio, se trate de una persona natural o jurídica. Está obligado a ofrecerle la protección de las leyes y asume sus obligaciones referentes al trato a otorgárseles…"*, al igual *"que los que surgen vis a vis otro estado en el campo de la protección diplomática".*

[19] No hay más que recordar las pretensiones de Hitler como supuesto protector de los alemanes en el extranjero, para darse cuenta de los peligros potenciales que encierra una amplia extensión de la doctrina de protección diplomática. Los recientes desarrollos relativos a la protección de los derechos humanos a nivel internacional amplían la protección de los derechos de los individuos vis à vis todos los estados, incluyendo al propio. No hay la menor duda que los tratados y la acción internacional para proteger los derechos humanos, aún contra las acciones del propio gobierno, constituyen un gran paso de avance, aunque al presente los mecanismos instituidos a nivel internacional –con la excepción de los establecidos en la Unión Europea– no son aún los más efectivos.

[20] Dichos nacionales duales no pueden ser protegidos por ninguno de los dos Estados frente al otro y sólo pueden ser protegidos en un tercer Estado por aquel que tenga una relación efectiva más estrecha. *Véase* **Convención de la Haya sobre Conflictos de Nacionalidad** del 12 de abril del 1930, arts. 4 y 5.

bargo, a partir de la Segunda Guerra Mundial, la internacionalización de las economías, el constante movimiento de personas entre las diversas naciones, la llamada globalización y la relativa era de la paz en amplias zonas del mundo han multiplicado los casos de nacionalidad dual y múltiple y han contribuido a reducir la aversión de muchos estados a la doble nacionalidad dual.

Diversos acuerdos entre Gran Bretaña y miembros de la comunidad británica sirvieron de precursores. Al presente países latinoamericanos como Chile, Perú, Paraguay, Bolivia, Nicaragua, Guatemala, Costa Rica, Ecuador, Honduras, República Dominicana y Argentina, entre otros, han concertado tratados de nacionalidad dual o nacionalidad recíproca con España durante el último medio siglo. En muchos de ellos una de las nacionalidades se conserva latente o en potencia mientras la del país de domicilio cobra plena eficacia.[21] Al presente existen también diversos estados, como Italia, Grecia, Gran Bretaña, Suiza, Israel, Irlanda, República Dominicana, El Salvador y Colombia, entre otros, que permiten a sus nacionales conservar su nacionalidad

---

[21] Por ejemplo, el Convenio de Nacionalidad entre la República Argentina y España provee para la doble nacionalidad hispano-argentina con determinación de la nacionalidad efectiva por arraigo domiciliario; es decir, una de las nacionalidades queda suspendida o latente mientras el domicilio no revierta al estado de la nacionalidad originaria. El artículo 1 del Convenio lee: *"Los argentinos y los españoles de origen, podrán adquirir la nacionalidad española y argentina, respectivamente, en las condiciones y en la forma prevista por la legislación en vigor en cada una de las partes contratantes, manteniendo su anterior nacionalidad con suspensión del ejercicio de los derechos inherentes a esta última"*. El artículo 4 lee: *"El traslado de domicilio al país de origen de las personas acogidas a los beneficios del presente Convenio implicará automáticamente, la recuperación de todos los derechos y deberes inherentes a su anterior nacionalidad"*. Véase **Convenio de nacionalidad** del 14 de abril de 1969, República Argentina y Gobierno del Reino de España, arts. 1 y 4.

En términos similares se firmó un convenio entre Italia y Argentina. *Véase* **Convenio de nacionalidad** del 18 de mayo de 1973, Italia y la Republica Argentina. Un acuerdo parecido fue concertado por Brasil y Portugal cuyo artículo 1 lee: *"Los portugueses en Brasil y los brasileños en Portugal gozarán de igualdad de derechos y deberes como los respectivos nacionales"*. Véase **Convenio de nacionalidad** del 7 de septiembre de 1971, República de Brasil y Portugal, art. 1.

de origen aunque hayan obtenido otra nacionalidad.[22]

En el mundo actual, por lo tanto, los acuerdos y tratados respecto a nacionalidad dual sólo parecen tener como límite potencial el interés mutuo de las partes en el contexto de consideraciones de carácter histórico o cultural. El caso particular de Estados Unidos merece consideración aparte.

II. CIUDADANÍA Y CIUDADANÍA DUAL EN ESTADOS UNIDOS

Para entender a cabalidad el significado del concepto de nacionalidad o ciudadanía[23] y el de ciudadanía dual en el régimen jurídico de Estados Unidos es necesario estudiar su origen, la legislación, los reglamentos y el ordenamiento administrativo sobre la materia y la jurisprudencia aplicable.

El Pueblo y la Ciudadanía de Estados Unidos

Alexander Bickel, eminente jurista y profesor de Derecho Constitucional, insistía ante sus estudiantes que el concepto jurídico de ciudadanía ni tan siquiera fue definido en la Constitución de Estados Unidos. Para Bickel, como más tarde escribió, la Constitución de Estados Unidos se ocupaba de asuntos más fundamentales, como el de establecer *"un gobierno que otorgaba derechos al pueblo y a las personas y que se obligaba a sí mismo a cumplir ciertas normas de conducta en sus relaciones con gente y con personas, no con una construcción jurídica llamada ciudadano"*.[24]

Lejos estaba yo de descubrir en mis tiempos de estudiante lo que quería comunicar mi profesor con su patente menosprecio a la *"construcción jurídica llamada ciudadano"*: cuando se trata de los asuntos medulares de un país hay que mirar detrás de los

---

[22] *Véase* E. Goldstein y V. Piazza, **Naturalization, Dual Citizenship and the Retention of Foreing Citizenship: A Survey**, 73 Interpreter Releases 517 (1966).

[23] *Supra* texto en las pp. 104 y 105.

[24] Alexander Bickel, **The Morality of Consent** 36 (1975).

términos jurídicos para verdaderamente entender no sólo cómo funciona el gobierno del país, sino incluso para comprender cabalmente los propios conceptos jurídicos. Y más lejos aún de entender la importancia de sus ideas para comprender la naturaleza de la ciudadanía americana de los puertorriqueños, la cual consideraremos posteriormente. Para ello hay que comenzar por conocer el significado en Estados Unidos de los conceptos pueblo y ciudadano. Hay que ir, además, mucho más atrás que el 25 de julio de 1898, día en que las tropas norteamericanas invadieron a Puerto Rico como consecuencia de la Guerra Hispanoamericana.

La Constitución de Estados Unidos, contrario a otras, como señalaba Bickel, no define la ciudadanía. Las referencias más relevantes a la ciudadanía contenidas en dicha Constitución se refieren a los requisitos para senador,[25] representante[26] o para presidente en cuyo caso dispone que debe ser un *natural born citizen* —"ciudadano por nacimiento"— (obviamente en el 1789 sólo puede referirse a ciudadanos de uno de los estados) *"o ciudadanos de Estados Unidos al tiempo en que se adopte esta Constitución".*[27] Esa escasa mención del término ciudadanía era totalmente cónsona con las realidades de la época, pues desde la aprobación de la Constitución en el 1789 hasta la Guerra Civil de Estados Unidos, setenta años después, cada uno de los estados tenía un amplio margen de control y jurisdicción, es decir, de soberanía sobre las personas que en ellos residían.[28]

---

[25] **Const. E.U.** art. II, § 3.

[26] *Idem* art. II, § 2.

[27] *Idem* art. II, § 1.

[28] El Artículo IV de la Constitución de Estados Unidos, por ejemplo, lee: *"los ciudadanos de cada estado disfrutarán de los privilegios e inmunidades de los ciudadanos de otros estados".* *Idem.* art. IV, §2, ¶1.

Luego de la Guerra Civil y la enmienda 14, a la cual haremos referencia más adelante, los asuntos de nacionalidad se convirtieron en asuntos de la exclusiva competencia del gobierno federal. Para una descripción de los conflictos respecto a ciudadanía con anterioridad a la Guerra Civil entre los estados y el gobierno federal, *Véase* James H. Kettner, **The Development of American**

En contraste con el de ciudadanía, el concepto de *pueblo de Estados Unidos* es en el preámbulo la fuente originaria del poder y el *pueblo* constituye el corazón mismo de las primeras diez enmiendas, mientras el término ciudadano no se menciona en ellas ni en una sola ocasión.

Ese concepto de *pueblo* era un concepto básicamente histórico, cultural y racial que encontró concreción jurídica y política en la Constitución del 1789 mediante la cual los habitantes de las trece colonias inglesas, a través de sus delegados, se constituyeron como el Pueblo de Estados Unidos de América. Esas personas eran a su vez blancos, de extracción europea, en su mayoría de cepa anglosajona que habían estado por largo tiempo bajo el dominio y tutela de las instituciones británicas y la Corona. El concepto de pueblo al que se refiere originalmente la Constitución tenía, por lo tanto, un sentido restringido pues excluía a los negros y a los indios quienes no llegarían a ser parte de la comunidad política norteamericana y a ser considerados ciudadanos, los primeros hasta luego de la Guerra Civil y los segundos hasta el 1924.[29] Tan restringido era el concepto de pueblo que la Ley de Nacionalidad del 1790 sólo permitía la naturalización de los blancos[30] y la del 1870, luego de la eman-

---

Citizenship, 1608-1870, pp. 248-286. Actualmente la mal llamada ciudadanía estatal es una de carácter estrictamente domiciliario y aún así la Corte Suprema de Estados Unidos ha sostenido que para propósitos del voto y para recibir beneficios públicos los requisitos de residencia tienen que ser limitados. *Véase* **Duna v. Blumstein**, 405 U.S. 330 (1972); **Shapiro v. Thompson**, 394 U.S. 618 (1969); **Memorial Hospital v. Monicopa County**, 415 U.S. 250 (1974). El potencial favoritismo de un estado a favor de sus residentes se limita a asuntos de poca monta como el de imponer cuotas más altas para licencias de caza. *Véase* **Baldwin et al. v. Fish and Game Commission of Montana et al.**, 436 U.S. 371 (1978).

[29] Indian Citizenship Act of 1924, Ch 233, 43 Stat. 253.

[30] Naturalization Act of March 26, 1790, Ch. 3, 1 Stat 103 (disposición que permaneció inalterada hasta el 1870 cuando se permitió la naturalización de personas de la raza negra.) Las exclusiones de los que no eran ni blancos ni negros continuaron y no fue hasta el 1952 que se eliminó formalmente la discriminación por raza mediante el *Inmigration and Nationality Act of 1952*,

cipación incluía a los negros, pero excluía a chinos, japoneses e hindúes.[31] Originalmente el pueblo de Estados Unidos era definitivamente el pueblo blanco de las trece ex colonias inglesas de Norteamérica.

Luego de la independencia, Estados Unidos se convirtió más y más en un país de inmigrantes blancos que expandió su dominio a territorios escasamente habitados (o habitados por indios que no eran parte del "pueblo" de Estados Unidos) y a los cuales pobló con su propia gente. Por regla general, la mayoría de los habitantes de dichos territorios ya eran parte del pueblo norteamericano antes de que sus territorios se incorporaran como estados al cuerpo político de Estados Unidos. La fase territorial sólo era una espera transitoria en el camino inexorable a la estadidad. No podía ser otra su aspiración pues provenían de una república que se formó como consecuencia de la primera lucha anticolonial del Nuevo Mundo.

Los conceptos de pueblo y ciudadanía se mantuvieron pues, por largo tiempo, dentro de los parámetros en que habían sido originalmente concebidos y no fue hasta el 1857, en vísperas de la Guerra Civil, que los mismos comenzaron a alterarse. Fue entonces que el Tribunal Supremo de Estados Unidos, respondiendo a la contradicción subyacente desde los inicios de la República —la existencia de la esclavitud en un país que proclamaba la igualdad entre los seres humanos— intentó resolver jurídicamente dicha contradicción. Para tratar de lograr su propósito la Corte Suprema utilizó el hasta entonces relativamente poco importante concepto de ciudadanía.

En el caso de *Dred Scott v. Sanford*,[32] la Corte sostuvo que, bajo la Constitución de Estados Unidos, los privilegios e inmu-

---

Ch. 477, 311, 66 Stat. 163, 239. Sin embargo, la discriminación permaneció bajo el manto de "Nacional Origins Quota" hasta el 1965. *Véase* G.J. Chin, **The Civil Rights Revolution Comes to Inmigration Law**, 75 N.C.L. REV. 273 (1966).

[31] Naturalization Act of 1870, Ch. 254, 7, 16 Stat 254.

[32] **Dred Scott v. Sanford**, 60 U.S. (19 How.) 393 (1857).

nidades sólo se concedían a los ciudadanos, que no se podía ser miembro de la comunidad política de Estados Unidos sin ser ciudadano y que *"un negro de descendencia africana"* no podía ser considerado como ciudadano. Desde otra perspectiva, según *Dred Scott*, el negro sencillamente no era parte del pueblo de Estados Unidos, no estaba incluido en la comunidad política en condición de igualdad aunque estaba bajo la jurisdicción de Estados Unidos pero en calidad de súbdito. El Tribunal Supremo habló claro al enunciar en términos jurídicos el estado de derecho prevaleciente en aquel entonces.

Para revocar el caso *Dred Scott* fue necesario una Guerra Civil, la enmienda número 14 a la Constitución de Estados Unidos[33] y el *Civil Rights Act* del 1866.[34] La Corte Suprema en *Dred Scott* no logró perpetuar sus criterios políticos y raciales pero sí logró que la ciudadanía, por lo menos jurídicamente, ocupara el lugar de importancia que no tenía en la Constitución. No fue hasta el 1898 que, como veremos más adelante, el tema de la ciudadanía vino a ocupar nuevamente el centro del debate en la discusión política de Estados Unidos.[35]

Ciudadanía dual en Estados Unidos

En el *common law*, parte de la herencia anglosajona de Estados Unidos, ninguna persona podía abjurar o renegar de su patria o soberano. La regla, expresada en latín como se acostumbraba en aquellos tiempos, era sencilla: *nemo potest exuere patriam* (Nadie puede abjurar o renegar de su patria). Enraizada en la Edad Media, en el derecho natural y en las relaciones personales y perpetuas[36] entre señor y siervo dicha regla dio margen a la

---

[33] *"Toda persona nacida o naturalizada y sujeta a su jurisdicción será ciudadana de Estados Unidos y del estado en que resida. Ningún estado aprobará o hará cumplir ninguna ley que restrinja los privilegios o inmunidades de los ciudadanos de Estados Unidos..."*. Const. EE. UU. enmd. XIV, §1.

[34] **Civil Rights Act of 1866**, 14 Stat 27, Ch 31 81.

[35] *Infra* texto en la pág. 124.

[36] Según Blackstone: *"Una deuda de gratitud que no puede perderse,*

teoría de fidelidad perpetua debida por el ciudadano a su nación y según la cual nadie podía renunciar a su nacionalidad de origen. Dicha doctrina era el fundamento sobre el que se asentaba el concepto de nacionalidad, tanto en Inglaterra como en las trece colonias que luego se convertirían en los Estados Unidos.

Luego de obtener su independencia a finales del siglo 18 los Estados Unidos, aunque como era natural en un país compuesto por inmigrantes, nunca se adhirió formalmente a la teoría de la fidelidad perpetua (aceptada entonces como el principio básico de la ciudadanía), sí reconoció por largo tiempo el derecho de otras naciones a así hacerlo. Sin embargo, no tardó mucho la nueva nación en impugnar dicha doctrina y reclamar el derecho de las personas a la expatriación —el derecho a renunciar a la ciudadanía— en contraste con la teoría de la fidelidad perpetua.

A finales del siglo 18 y a principios del 19, comenzaron a surgir conflictos de ciudadanía entre Estados Unidos e Inglaterra ya que esta última reclamaba como súbditos ingleses, bajo las normas clásicas del derecho común, a ciudadanos naturalizados en Estados Unidos. Frecuentemente dichos conflictos surgían cuando barcos de guerra ingleses abordaban barcos norteamericanos y apresaban a aquellos marinos americanos que Inglaterra reclamaba como súbditos. Bajo esas circunstancias Estados Unidos invocó la aplicación de la doctrina de derecho internacional de protección diplomática en beneficio de dichos ciudadanos. Inglaterra, por su parte, argumentaba que dicha doctrina era inaplicable ya que las relaciones entre esa nación y sus súbditos eran de su exclusiva competencia.

El conflicto entre ambas naciones y entre la doctrina de fidelidad perpetua y el derecho a la expatriación comenzó a resolverse a raíz de un tratado entre ambos países en el que Inglaterra reconoció la legitimidad de las leyes de naturalización de Es-

---

cancelarse o alterarse por cambio alguno en tiempo, en lugar o circunstancia". William Blackstone, **Commentaries on the Laws of England**, The Lawbook Exchange, 2003. p. 229.

tados Unidos.[37] Poco antes este último había concluido tratados similares con varios países, entre otros, Dinamarca, Suecia,
Austro-Hungría y Bélgica.[38] En consecuencia fueron mermando
los conflictos entre los que Estados Unidos se veía envuelto por
razón de la nacionalidad dual de algunos de sus ciudadanos.[39]

No obstante, la lealtad perpetua demandada por el estado nacional no era el único factor que daba margen a la existencia de
la ciudadanía dual en Estados Unidos. También había ciudadanos que por una combinación de las doctrinas de *ius solis* e
ius sanguinis, o por naturalización, ostentaban ciudadanía dual.
Estados Unidos enfrentó esa realidad con una actitud de recelo y
exclusividad y, tal como lo habían hecho otras naciones, respondió con la expatriación forzada o la desnacionalización.

Inicialmente, como era de esperarse en un país de derecho
común, fue a través de la práctica como comenzó a desarrollar-
se la doctrina sobre la ciudadanía dual. Esta fue constantemente impugnada y cuestionada y los criterios para determinar la
expatriación o desnacionalización de los ciudadanos duales se
fueron desarrollando en las últimas décadas del siglo 19, particularmente a través de opiniones del Departamento de Estado.
Los criterios para la expatriación no eran fijos y podían incluir,
entre otros, el tiempo de residencia en el extranjero (si no estaba
acompañado del pago de contribuciones y otros actos de fidelidad a Estados Unidos), además de otros criterios considerados

---

[37] Esto sucedió luego que el Congreso de los Estados Unidos —a raíz de que
Inglaterra arrestara a varios ciudadanos naturalizados de Estados Unidos,
acusándolos de haber participado en una insurrección en Irlanda en 1868—
aprobó legislación declarando que el derecho a la expatriación es un derecho
natural inherente. *Véase* **Expatriation Act of July 27, 1868**. Ch. 249, 15 Stat
223 Codify Act 22 U.S. C. §1732 (1976).

[38] 3 John B. Moore, **A Digest of International Law**, §390-400.

[39] Para el inicio del siglo 20 el principio de expatriación —como derecho del
ciudadano— era generalmente reconocido internacionalmente y más tarde
pasó a formar parte de la normativa internacional sobre derechos humanos.
Véase **Convención Internacional sobre Derechos Civiles y Políticos**, Art.
12(2), G.A Res 2,200, U.N. GAOR, 2 1st Sess, Supp No 16, U.N. Doc A/6316
(1966).

en su totalidad como la nacionalidad del cónyuge, la tenencia de propiedad y el servicio militar en el extranjero, entre otros.[40] La Ley de Expatriación de 1907, que intentó codificar la práctica prevaleciente, disponía para la expatriación (no ya como derecho del ciudadano, sino como prerrogativa del estado) de cualquier ciudadano por razón de su naturalización en un país extranjero, por contraer matrimonio con un extranjero o por haber jurado lealtad a otra nación.[41]

Distinto era el caso de los ciudadanos duales por razón de su nacimiento. Según llegaban grandes oleadas de inmigrantes a un país de *ius solis* provenientes de países europeos que se regían por *ius sanguinis*, se multiplicaron las personas con ciudadanía dual. La respuesta fue obligar a dichos ciudadanos a elegir entre ambas ciudadanías.[42] De igual forma se trataba a aquellos que residían en el extranjero o habían nacido fuera de los Estados Unidos de padres ciudadanos norteamericanos.[43]

La Ley de Expatriación del 1907[44] no fue más efectiva que la práctica en clarificar la situación de los ciudadanos duales y las condiciones que podían dar margen a la expatriación. Los criterios después de la aprobación de la ley continuaron siendo más o menos los mismos que habían prevalecido con anterioridad a dicha legislación, y no fue hasta el 1940 que se produjeron cambios de importancia.

Ciudadanía dual en Estados Unidos desde la Segunda Guerra Mundial

En el clima de guerra prevaleciente en el 1940 era natural que

---

[40] *Véase* I Mien Tsiang, **The Question of Expatriation in America Prior to 1907**. (1942).

[41] *Véase* **Act of March 2, 1907**, Ch 2534, 2, 34 Stat. 1228 (1907). Derogado (1940).

[42] *Véase* **Perkins v. Elz** 307 U.S. 325 (1939).

[43] *Véase* **Act of March 2, 1907**, Ch 2534, 6, 34 Stat 1228, 1229.

[44] *Véase* John P. Roche, *The Loss of American Nationality, The Development of Statutory Expatriation*, 99 **U. PA L. Review** 1950.

la nacionalidad o ciudadanía dual fuera vista en Estados Unidos no sólo con recelo, sino con gran hostilidad.[45] De ahí que bajo el *Nationality Act* de 1940 prácticamente cualquier identificación política activa con una nación extranjera era suficiente causa para la expatriación. Votar en las elecciones de otro país, jurar fidelidad a una nación extranjera o servir en sus fuerzas armadas, eran causas que conllevaban la pérdida de la ciudadanía.[46] La ley llegó al extremo de considerar causa para expatriar a ciudadanos duales por nacimiento, el haber residido por más de seis meses en el país extranjero cuya ciudadanía también ostentaban dichos ciudadanos.[47]

La *Ley de Inmigración y Nacionalidad* de 1952,[48] similar en su filosofía a la ley de 1940, fue la respuesta de Estados Unidos a la Guerra Fría. Disponía, por ejemplo, que un ciudadano dual por nacimiento perdería su ciudadanía americana si residía por más de tres años en el país de su otra ciudadanía, a menos que tomara un juramento de fidelidad a Estados Unidos antes de vencer ese periodo. El afán exclusivista y la política pública contra la ciudadanía dual se convirtieron en norma.

Partiendo de las leyes sobre nacionalidad de 1940 y 1952, la

---

[45] *Véase* T. Keelaghann-Silvestone, **Dual Nationality and the Problem of Expatriation**, 291, 297 (1982) y Thomas M. Frank, *Clan and Superclan: Loyalty, Identity and Community in Law and Practice*, 90 **A.M.J. INT. L.** 359 (1996).

[46] *Véase* Thomas M. Frank, *Clan and Superclan: Loyalty, Identity and Community in Law and Practice*, 90 **A.M.J. INT. L.** 359 (1996), en la p.378.

[47] *Véase* **Nationality Act of 1940**, 54 Stat. 1137 (1940), Cabe destacar el temor a los japoneses americanos como potenciales ciudadanos desleales. *Véase* Roche, *Supra* nota 44, en la p. 66 (nótese cómo en la literatura jurídica en Estados Unidos frecuentemente se usa el término *Nationality* y no *Citizenship*.)

[48] *Inmigration and Nationality Act*, Pub. L. No 82-414, 66 Stat 163 (1952) La ley disponía la ciudadanía *ius solis* para las personas nacidas en Estados Unidos y la ciudadanía *ius sanguinis* para las personas nacidas en el extranjero de padres ciudadanos de Estados Unidos, pero dichos ciudadanos tendrían que regresar a Estados Unidos antes de los 23 años y permanecer en residencia por un periodo de 5 años.

Corte Suprema de Estados Unidos ha ido desarrollando la doctrina contemporánea norteamericana sobre la ciudadanía dual. Paralelamente varias enmiendas a la ley de 1952 y la práctica administrativa han ido alterando dicha doctrina.

La Corte Suprema ha reconocido que una persona *"puede tener y ejercer los derechos de nacionalidad en dos países y estar sujeta a las responsabilidades de ambos"*.[49] No obstante, hasta finales de la década del '60 también validó el poder del gobierno de Estados Unidos a desnacionalizar a un ciudadano en contra de su voluntad y reconoció el poder del Congreso para imponer condiciones a la retención de la ciudadanía en tanto y en cuanto mediara la voluntad del individuo en el cumplimiento de dichas condiciones.[50]   Así lo confirmó el caso de *Pérez v Brownell*[51] del 1958, en el que la Corte Suprema declaró válida la expatriación de un ciudadano dual por haber votado en una elección extranjera en violación de la Ley de Inmigración y Nacionalidad de 1952.[52]   Al hacerlo, la corte le dio su aprobación a los argumentos sobre los potenciales problemas en casos de ciudadanos duales referentes a la protección diplomática y a las lealtades en conflicto de dichos ciudadanos.

---

[49] *Kawakita v U.S.* 343 US 717,723 (1952). En este caso Kawakita, un ciudadano dual nacido en Estados Unidos, fue convicto por traición por servir de traductor durante la Segunda Guerra en un campo de concentración en Japón donde prisioneros de guerra de Estados Unidos eran sometidos a trabajos forzados.

[50] La doctrina de desnacionalización, es decir, la de privar a un ciudadano de su nacionalidad contra su voluntad, fue considerada por la Corte Suprema de Estados Unidos inicialmente en el caso *MacKenzie v Hare* afirmando el poder del estado para desnacionalizar a un ciudadano por contraer matrimonio con un extranjero en violación del *Nationality Act* del 1907. **McKenzie v Hare** 239 U.S. 299 (1915).

[51] **Pérez v Brownell** 356 US 44(1958).

[52] La *Immigration and Nationality Act of 1952* proveía en su sección 349 (a) (5) que las personas perderán su nacionalidad por *"votar en una elección política en un país extranjero o por participar en una elección o plebiscito para determinar la soberanía sobre territorio extranjero"*. **Immigration Nationality Act** §349, 8 U.S.C. §1481 (1952).

En el 1967, sin embargo, la corte revocó la decisión de Pérez y en el caso de *Afroyim v. Rusk*[53] liberalizó su política contra la ciudadanía dual rehusando expatriar a un ciudadano —en contraste con su decisión anterior— por haber votado en una elección extranjera. Decidió la corte que la enmienda 14 de la Constitución norteamericana le otorgaba el derecho a Afroyim de retener su ciudadanía a menos que la renunciara voluntariamente.[54]

Reflejando el clima de mayor liberalidad recogido en el caso de Afroyim entre 1976 y 1978 el Congreso enmendó la Ley de Nacionalidad de 1952 y redujo el número de causas que podían dar margen a la expatriación.[55]

Posteriormente en el 1980, la Corte Suprema fue más lejos aún. En el caso de *Vance v. Terrazas*[56] al pasar juicio sobre la constitucionalidad de la sección de la Ley de Nacionalidad de 1952[57] que proveía para la revocación de la ciudadanía por tomar un juramento de fidelidad a una nación extranjera, la Corte Suprema determinó que el ciudadano debía tener la intención

---

[53] **Afroyim v Rusk** 387 U.S. 268 (1967).

[54] Este caso se refiere a aquellas personas que son ciudadanos de Estados Unidos por nacimiento o naturalización, los que se conocen como ciudadanos de enmienda 14. *Véase infra* en la pág. 157 con referencia a los que son ciudadanos de Estados Unidos por virtud de un estatuto, los llamados ciudadanos estatutarios.

[55] Las redujo de diez a siete. Permanecieron las siguientes causas: naturalización en un estado extranjero; tomar un juramento de fidelidad a un estado extranjero; servir en las fuerzas armadas del gobierno de Estados Unidos; servir como empleado de un estado extranjero como ciudadano de ese estado bajo un juramento de fidelidad a dicho estado; renunciar formalmente a la ciudadanía ante un cónsul o un funcionario diplomático en el extranjero; renuncia formal en Estados Unidos según prescrito y aprobado por el Procurador General en tiempo de guerra; cometer traición en contra de o intentar derrocar por la fuerza al gobierno de Estados Unidos luego de ser convicto por una Corte Marcial o por un tribunal competente. **Immigration Nationality Act,** 8 U.S.C. 1481 (a) (1)-(7) (1952).

[56] **Vance v Terrazas** 444 US 252 (1980).

[57] **Immigration Nationality Act** §349, 8 U.S.C. §1481 (a) (2) (1952).

específica de renunciar a la ciudadanía para que procediera la expatriación.[58] La mera ejecución de actos voluntarios no sería suficiente para la expatriación; el gobierno tendría que probar que se había cometido un acto de expatriación[59] y probar "por preponderancia de prueba" que existía la intención específica de renunciar.[60] Dicho de otra forma, la ciudadanía de Estados Unidos sólo se puede perder si el ciudadano comete un acto de expatriación con la intención de renunciar a la ciudadanía.

Luego de las decisiones judiciales, las enmiendas a las leyes y las prácticas administrativas de las últimas décadas, puede aseverarse sin exagerar que el único acto de expatriación que de seguro podría dar margen a la revocación de la ciudadanía es el de la renuncia formal ante un cónsul en el extranjero.[61]

Incluso en ese caso no basta cumplir con las formalidades de la renuncia, sino que el Departamento de Estado se reserva el derecho de examinar si del contexto en que se da la renuncia se evidencia una verdadera voluntad de renuncia. En el caso del

---

[58] Terrazas era un ciudadano dual de México y Estados Unidos que obtuvo su ciudadanía americana por *ius solis* y la mexicana por *ius sanguinis*. A los 22 años solicitó un certificado de ciudadanía mexicana jurando obediencia a México y renunciando a su ciudadanía de Estados Unidos y cualquier *"obediencia y lealtad a cualquier gobierno extranjero, especialmente al de Estados Unidos de América"*. **Vance v. Terrazas** 444 U.S. 252 (1980).

[59] Mien Tsiang, *supra* nota 40.

[60] Posteriormente la ley fue enmendada a esos efectos. *Véase* **Immigration and Nationality Act Amendments of 1986**, Pub. L. No. 99-653, §18, 100 Stat. 3655.

[61] *Véase* Alan G. James, *Expatriation in the United States: Precept and Practice Today and Yesterday*, 27 **San Diego L. Rev**. 853 (1990). No sólo innumerables ciudadanos de Estados Unidos votan hoy en elecciones extranjeras sin perder la ciudadanía, sino incluso ciudadanos americanos duales han ocupado posiciones como la de Ministro de Relaciones Exteriores de Armenia o Jefe del Ejército de Estonia sin perder su ciudadanía americana. *Véase además* Thomas M. Franck, Clan and Superclan: *Loyalty, Identity and Community in Law and Practice*, 90 **Am. J. Int'l L.** 359, 379 (1996); y Ansgar Kelly, *Dual Nationality, the Myth of Election, and a Kindler, Gentler State Department*, 23 **U. Miami Inter-Am. L. Rev.** 421

Lic. Alberto Lozada,[62] luego de que este renunciara a la ciudadanía ante un cónsul en el extranjero, el Secretario de Estado de Estados Unidos rehusó reconocer dicha renuncia y emitir un certificado de pérdida de nacionalidad argumentando que el demandante no tenía una verdadera intención de renunciar a la misma ya que pretendía permanecer residiendo en Puerto Rico sin registrarse como extranjero propiamente documentado. La Corte del Distrito de Columbia reafirmó y amplió dicha determinación rehusando emitir un mandamus contra el Secretario de Estado para forzarlo a emitir dicho certificado. En el caso del Lic. Juan Mari Bras, el Departamento de Estado de Estados Unidos fue más allá. Luego de que este renunciara a la ciudadanía americana[63] ante un cónsul en el extranjero y de que dicha renuncia fuera aceptada, posteriormente, el mismo Departamento de Estado revocó dicha decisión pues el renunciante tenía la intención de seguir residiendo en Estados Unidos (en Puerto Rico).[64]

En síntesis, aunque el gobierno de Estados Unidos no estimula la ciudadanía dual, no cabe duda que en respuesta a los nuevos

---

[62] **Alberto O. Lozada Colón v. Departament of State et. al.**, Distrtct Court for the District of Columbia, Civil Action No 97-183 1, April 23 1998.

[63] El tema de si en este momento existe una ciudadanía puertorriqueña que coexista con la ciudadanía americana y cuyo contenido trascienda el mero vínculo domiciliario es uno que está más allá del ámbito de este trabajo que se refiere a la ciudadanía "americana" de los puertorriqueños. El tema de la ciudadanía puertorriqueña ha sido objeto de una decisión del Tribunal Supremo de Puerto Rico. Véase *Miriam J. Ramírez de Ferrer v. Juan Mari Bras y Comisión Estatal de Elecciones,* 144 **D.P.R.** 141, (1997).

[64] La Secretaria de Estado, Katherine Peterson, el 3 de junio de 1998 expidió una certificación donde revocaba la certificación de renuncia que el mismo Departamento había expedido en diciembre de 1995. Cuánto más tiene que hacer un ciudadano americano de Puerto Rico para renunciar a la ciudadanía y continuar viviendo en su patria, rebasa la imaginación. Pero de lo que no hay la menor duda es que en cuanto a la ciudadanía americana de los puertorriqueños, las determinaciones como analizaremos más adelante, se toman sobre bases políticas y no jurídicas. En el caso de Lozada la Corte señaló que *"en esencia, el reclamo del demandante al Secretario de Estado versa sobre la muy debatida cuestión política del status de Puerto Rico...".* **Lozada Colón**, District Court for the District of Columbia, Civil Action No 97-183 1, April 23 1998.

tiempos la tradicional actitud exclusivista de esa nación ha experimentado cambios profundos en cuanto a su política pública y ordenamiento respecto a la ciudadanía dual.

III. EL PUEBLO DE PUERTO RICO Y LA CIUDADANÍA AMERICANA

En 1898, por virtud de la Guerra Hispanoamericana y el Tratado de París,[65] España le cedió Filipinas, Puerto Rico y Guam a Estados Unidos que formalizó así su dominio sobre dichos territorios. De república, Estados Unidos pasó a ser imperio. Su gobierno reaccionó dentro de las posibilidades y limitaciones que imponía un sistema constitucional y una tradición surgida de una guerra por la independencia contra el imperio británico, de las guerras contra los indios y de una guerra civil que, para salvar la unión, tuvo como consecuencia la emancipación de los esclavos. De ahí que intentó enfrentar los problemas de los habitantes de su nuevo imperio –o por lo menos de los habitantes de Puerto Rico– con similares parámetros jurídicos a los que había utilizado para enfrentar el problema de los negros dentro del cuerpo político de la república. Si dicho marco referencial, centrado en el concepto de la ciudadanía, había resultado útil para enfrentar jurídicamente el problema de los negros, ¿por qué no habría de resultar igualmente efectivo para enfrentar los problemas de los puertorriqueños?

La trayectoria de esa decisión tuvo diversas etapas en las que participaron la rama ejecutiva, la legislativa y la judicial.

Cuando las tropas de Estados Unidos ocuparon a Puerto Rico y Filipinas, por primera vez en la historia de su expansión territorial esa nación extendía su dominio sobre pueblos asentados históricamente sobre sus propios territorios –islas o archipiélagos ambos–, no sobre pedazos de tierra o territorios vacíos o escasamente poblados por sociedades tribales que resultaron víctimas de una campaña genocida. Filipinas y Puerto Rico,

---

[65] Tratado de París, Diciembre 10, 1898 30 Stats. 1754 (ratificado por el Senado, Febrero 6, 1899; por el Presidente, Febrero 6, 1899; proclamado, Abril 11, 1899).

aunque todavía colonias españolas por siglos, constituían nacionalidades plenamente formadas con historias más antiguas que
las del propio Estados Unidos y con idioma y costumbres distintos a las de los recién llegados. Puerto Rico era un país latinoamericano de casi un millón de habitantes, densamente poblado,
cuya historia estaba íntimamente ligada a la de los pueblos his-
panoamericanos y en particular a la de Santo Domingo y a la de
Cuba. Filipinas era un país asiático, a 7,000 millas de distancia
de Estados Unidos, un archipiélago de 9 millones de habitantes
cuya cultura, tradiciones e idioma eran radicalmente distintos y
ajenos a los del pueblo de Estados Unidos. Si grande era la brecha cultural entre Estados Unidos y Puerto Rico, abismal era la
que existía con Filipinas.

A partir del 1898, por lo tanto, el gobierno de Estados Unidos
tenía bajo su dominio colonial al pueblo de Filipinas y al pueblo
de Puerto Rico y sobre la base de esa nueva realidad pudo haber
desarrollado sin ambages una política coherente respecto a las
recién adquiridas colonias. Ya fuera por racismo, por falta de
previsión, por hipócrita respeto a su propia historia, porque lo
juzgaba conveniente a sus intereses estratégicos o por una combinación de estas razones, Estados Unidos optó –particularmente en el caso de Puerto Rico– por el circunloquio y por hacer prevalecer su dominio detrás del concepto jurídico de ciudadanía.

El Debate sobre la Ciudadanía Americana
de los Puertorriqueños

El debate para la aprobación en el Senado de Estados Unidos
del Tratado de París de 1898 se da en el contexto de un más
amplio debate entre imperialistas y antiimperialistas que permea
toda esa época en Estados Unidos. El Tratado, a su vez, fue el
primer tratado relativo a la adquisición de territorios en la historia de ese país que no disponía para la concesión de la ciudadanía americana ni promesa alguna respecto a la estadidad para los
territorios adquiridos.[66]

---

[66] L. Gettys, **The Law of Citizenship in the U.S.** 144 (1934).

Ante la realidad insoslayable de que los pueblos de Filipinas y Puerto Rico enfrentaban a Estados Unidos a situaciones nunca antes conocidas en su historia, no era oportuno ni necesario para esa nación —negociando tras una aplastante victoria militar— comprometerse de inmediato a un determinado curso de acción. Por eso el Tratado de París dejó a Estados Unidos en absoluta libertad para disponer sobre el futuro de los recién adquiridos territorios. No obstante las necesidades estratégicas demandaban la adquisición de nuevos territorios aunque estuvieran habitados por otros pueblos, y esas necesidades imperiales se impusieron en el Senado sobre la tradición anticolonial cuando dicho cuerpo ratificó el Tratado por el mínimo de un voto sobre las 2/3 partes necesarias. [67]

Posteriormente, luego de la campaña electoral de 1900 que tuvo como tema central el imperialismo y en la cual resultó triunfante el presidente William Mckinley, quien favorecía la expansión imperialista, llegó el tiempo de administrar los nuevos territorios. Fue entonces cuando, pasada la euforia de la post guerra, llegó el momento de los escrúpulos jurídicos, de los remilgos retóricos, el momento de hilar fino, aunque, claro está, para asegurar los mismos objetivos de control colonial plasmados en el Tratado de París. De eso se trató el Proyecto Foraker de 1900 que establecía un gobierno civil en Puerto Rico y disponía para la concesión de la ciudadanía americana a los puertorriqueños.[68] Ese fue el primer capítulo en la prolongada odisea sobre la ciudadanía americana de los puertorriqueños.

Cuando el senador Foraker, poco después de presentar su pro-

---

[67] Puerto Rico constituía una pieza clave para resguardar los accesos al futuro Canal de Panamá. Como señaló don Pedro Albizu Campos años después: *"Los Estados Unidos están interesados en la jaula, no en los pájaros"*. Hawái fue anexado también en el 1898. *Véase* Joint Resolution 55, 55th Cong. 26 Sess., 30 Stat. 750 (1898).

[68] S. 2264, 56th Cong., 15 Sess., 33 Cong. Rec. 702 (1990). La radicación del proyecto había sido precedida por el discurso del presidente McKinley al Congreso en diciembre de 1899 recomendando el libre comercio entre Puerto Rico y Estados Unidos, 33 Cong., Rec. 36 (1899).

yecto, retiró la propuesta contenida en el mismo para la otorgación de la ciudadanía a los puertorriqueños, quedó evidenciado que no existía discordancia real entre el Tratado de París, que no hacía referencia a la ciudadanía, y el Proyecto Foraker. El propósito esencial de ambos era mantener los nuevos territorios bajo dominio colonial de Estados Unidos. La ciudadanía americana era un instrumento jurídico a utilizarse a discreción para el logro de ese objetivo primordial. Así lo demuestran los periódicos debates sobre varios proyectos para extender la ciudadanía a los puertorriqueños que se presentaron durante los próximos años en el Congreso antes de que los puertorriqueños se convirtieran en ciudadanos por virtud de la Ley Jones de 1917.[69]

El Senador Foraker durante la discusión de su proyecto del 1900[70] (al igual que en años posteriores cuando se presentaron varios proyectos para extender la ciudadanía a los puertorriqueños) y como presidente de la Comisión del Senado para las Islas del Pacífico y Puerto Rico, con gran precisión y sin ambigüedades definió desde el inicio el significado, el alcance y la naturaleza de la ciudadanía que diecisiete años después habría de extenderse a los puertorriqueños.[71] Según Foraker, el objetivo de extender la ciudadanía a los puertorriqueños era para *"reconocer que Puerto Rico pertenece a Estados Unidos"*.[72] La razón para utilizar el término *ciudadanos* era la siguiente: *"... los habitantes de esa isla* (Puerto Rico) *tienen que ser ciudadanos o*

---

[69] Para una discusión de los diversos proyectos presentados en el Congreso de Estados Unidos *véase* Jose A. Cabranes, **Citizenship and the American Empire. Notes on the Legislative History of the U.S. Citizenship of Puerto Ricans**, New Haven; (Yale Univ. Press 1979). *Ver* Raúl Serrano Geyls, *El Misterio de la Ciudadanía*, 40 **Revista Colegio de Abogados de P.R.**, 437 (1979), un análisis demoledor que refuta las más importantes conclusiones del libro de Cabranes.

[70] S. 2264, 56 th Cong.; 1st Sess. (1900). *Ver* 33 Cong. Rec. 1486 (1900).

[71] Su razonamiento —como veremos más adelante— fue confirmado posteriormente por el Tribunal Supremo de Estados Unidos. Supreme Court of the United States **Balzac v. Porto Rico** 258 U.S. 298 (1922).

[72] 33 Cong. Rec. 2473 (statement of Sen. Foraker).

súbditos o extranjeros. Nosotros no queremos tratar a los nuestros como extranjeros. Por lo tanto, adoptamos el término 'ciudadanos'. Al adoptar el término 'ciudadanos' no entendíamos, sin embargo, que le estábamos dando a esa gente (those people) *derechos que el pueblo americano no quiere que ellos tengan. 'Ciudadanos' es una palabra que indica, de acuerdo a la obra de Story sobre la Constitución de Estados Unidos, fidelidad de un lado y protección del otro".*[73]

Más aún, cuando en el proyecto se usaba el término *"ciudadano"* se usaba *"en sentido político"*, era un término *"sin importancia"* que sólo significaba *"una persona que le debe lealtad al gobierno y tiene derecho a protección del mismo".*[74] Por eso la concesión de la ciudadanía a Puerto Rico no tenía que ver —según Foraker— con los derechos individuales bajo la Constitución y *"no le confería el derecho a votar o a participar en el gobierno a nadie".*[75] Remató su tesis aseverando que la Constitución y el Tratado de París le conferían al Congreso *"el poder plenario para hacer en este caso lo que el Congreso juzgue conveniente".*[76]

Las pautas y premisas que sentó Foraker durante la consideración de su primer proyecto en el 1900 se convirtieron en el canon sobre la materia y orientaron las discusiones sobre la ciudadanía que habrían de efectuarse en el Congreso de ahí en adelante, incluyendo las que antecedieron inmediatamente a la aprobación de la Ley Jones del 1917. De ahí que Muñoz Rivera, representante de Puerto Rico ante Estados Unidos y líder del partido mayoritario en la isla, comprendiendo con gran claridad la naturaleza de la ciudadanía que se pretendía extender a los puertorriqueños, expresó en el 1914 ante el Comité de Asuntos Interiores del Congreso: *"...si no podemos convertirnos en uno de sus estados; si no podemos constituir nuestro propio país,*

---

[73] Id. 2473.

[74] Id. 2474.

[75] Id. 2474

[76] Id. 2475

entonces tendremos que ser perpetuamente una colonia, una dependencia de Estados Unidos. ¿Es ese el tipo de ciudadanía que nos ofrecen? Entonces esa es la ciudadanía que rechazamos".[77]

En resumen, la ciudadanía que se le extendió[78] colectivamente a los puertorriqueños, era una *ciudadanía sui generis*; como la llamó Muñoz Rivera *"una ciudadanía de un orden inferior, una ciudadanía de segunda clase"* (a citizenship of the second class)[79] , para hacer claro que "Puerto Rico pertenece a Estados Unidos"; o como la tildó, más mordaz, Matienzo Cintrón, *"la ciudadanía de los welelés o pendangas de países no contiguos que no hablan inglés"*.[80]

---

[77] *A Civil Government for Porto Rico: Hearings before the Senate Committee on Pacific Islands and Porto Rico*, 63th Cong., 2d Sess. 54 (1914).

[78] La palabra correcta es imponer. *Véase* pág. 131-132 *infra*. Jones Act (Puerto Rico) Ch. 145 §35, 39 Stat. 951 (1917).

[79] 55 Cong. Rec. 7472 (15 de mayo de 1916).

[80] Luis M. Diaz Soler, **Rosendo Matienzo Cintrón: Mentor y guardián de una cultura**,. Ediciones del Instituto de Literatura Puertorriqueña, UPR 1960, Tomo I. p. 501. Refiriéndose a la ciudadanía americana de los puertorriqueños también dijo Matienzo: *"La toga viril, al caer sobre la espalda del enclenque pendanga, se convierte en el acto en pobre túnica de esclavo..."*. Es interesante que aunque Muñoz Rivera y Matienzo Cintrón ("padre" del Partido Unión de Puerto Rico, según Díaz Soler, y Presidente de la Cámara de Delegados) fueron adversarios encarnizados, particularmente durante la última parte de sus vidas, coincidían en cuanto a la naturaleza de la ciudadanía americana de los puertorriqueños.
Decía Matienzo de Muñoz Rivera que era de los que llegaban *"cuando las ollas están en llameante hogar y hay humillos de esperanza por la cumblera de la cocina política"* y que le era fácil *"convertir una idea en lechón asado y una bandera, por sagrada que fuese, en servilleta"*. Idem, pp. 497- 498.
Y refiriéndose al Partido Unión bajo el liderato de Muñoz Rivera, decía que, *"algunas creaciones protéicas de la política intentan colindar con todas las posiciones, formar parte de todos los apetitos y estar metidos en todas y cada una de las combinaciones que tengan por ideal supremo la guagua... Estos políticos lo son todo. Los pobres han tenido la paciencia de hacer la prueba de medirse la boca y han concluido de su estudio que cualquiera que sea su tamaño, el biberón les cabe perfectamente"*. Id. p. 524

Puerto Rico, Filipinas y la Geopolítica

Finalmente, para entender plenamente la naturaleza de la ciudadanía americana que se extendió a los puertorriqueños y las razones de fondo para esa decisión, es necesario recordar que la misma estuvo inextricablemente unida a la decisión sobre el futuro de las Filipinas ya que se temía que Puerto Rico sirviera como precedente para extender la ciudadanía a ese país.[81] Tan fuerte era la objeción a convertir a los filipinos en ciudadanos americanos que una semana después de aprobar el Tratado de París el Senado aprobó una resolución declarando que no era su intención *"incorporar a los habitantes de las Islas Filipinas a la ciudadanía de Estados Unidos ni anexar permanentemente a dichas islas como parte integral del territorio de Estados Unidos"*.[82] Filipinas era un bocado demasiado grande para tragar.

Aunque el objetivo de Estados Unidos era el mismo en ambos países, mantener el control colonial, las formas y maneras para lograrlo serían distintas. Por eso, como se ha señalado, el Senador Foraker, temeroso de que la concesión de la ciudadanía a los puertorriqueños abortara su proyecto de un gobierno civil para Puerto Rico, retiró de su proyecto original la propuesta de ciudadanía.

No debe extrañar, pues, que la ciudadanía se extendió a Puerto Rico sólo después que una ley de 1916, conocida también como Ley Jones,[83] resolvió mantener a Filipinas bajo dominio

---

[81] Además de lo señalado en páginas anteriores, para Estados Unidos, Filipinas y Puerto Rico representaban problemas radicalmente distintos por razón también de sus diversas historias de lucha por la independencia. En este contexto debe también señalarse que los esfuerzos ante el Congreso de los propios impulsores del colonialismo para hacer creer que Puerto Rico, contrario a las Filipinas, era un país blanco, son patéticos y merecen un estudio de por sí. Baste recordar que en un informe del Senado del 1913 se describía a la población de Puerto Rico como compuesta por 2/3 de blancos de origen español. *Véase* S. Res 1300, 62d Cong. 3ᵈ Sess 2 (1913).

[82] S.J. Res. 240, 55th Cong. 3ᵈ Sess. 32 Cong. Rec. 1846 (1899).

[83] Jones Act (Philippine Islands), 39 Stat 545 (1916).

colonial pero con la promesa de una eventual independencia, y por supuesto, sin extenderle la ciudadanía a los filipinos. Una vez resuelto el problema de Filipinas, el Congreso decidió enfrentarse al problema del destino de Puerto Rico.

Prevaleció entonces, respecto a Puerto Rico, la razón de carácter geopolítico y militar que había orientado la política de Estados Unidos desde antes de la invasión, hacer de la isla una colonia permanente. Ese propósito se pretendió lograr mediante la imposición colectiva de la ciudadanía en el 1917. La Ley Jones al disponer para la extensión de la ciudadanía prácticamente imposibilitaba la opción de no aceptarla —es decir la imponía— pues excluía de la vida política puertorriqueña a los que la rechazaran pues, con posterioridad a la ley sólo los ciudadanos de Estados Unidos tendrían derecho a obtener cargos públicos y a ejercer el voto.[84]

La situación reinante en aquella época dio margen a dicha imposición. En Puerto Rico, ya para finales de la primera década de dominio norteamericano, había comenzado a ampliarse el apoyo a la independencia. En el 1912 se había fundado el primer Partido de la Independencia de Puerto Rico.[85] El programa del partido mayoritario de Puerto Rico, el Partido Unión, postuló en el 1913 la independencia como la aspiración final de esa colectividad.[86] La Cámara de Delegados de Puerto Rico rechazó en

---

[84] Jones Act (Puerto Rico), 39 Stat. 951 (1917). Si se considera además, que los puertorriqueños tenían un año para expresar oficial e individualmente su no aceptación, es lógico el número limitado de personas que se acogieron a dicho procedimiento.

[85] El 8 de febrero de 1912 se fundó el Partido de la Independencia de Puerto Rico por Rosendo Matienzo Cintrón, Luis Lloréns Torres, Manuel Zeno Gandía, el Dr. Pedro Franceschi, entre otros. Fue seleccionado presidente Eugenio Benítez Castaño. Bolívar Pagán, **Historia de los partidos políticos puertorriqueños**, San Juan 1959. Tomo I, pp. 146-47.

[86] *Idem* pp. 156-59. El 22 de noviembre de 1913 el Partido Unión de Puerto Rico incluyó en su Programa la sección 2 que estipulaba: *"Declaramos que el ideal supremo de la unión, como el de todas las colectividades fuertes y como el de todos los hombres dignos, a través del mundo, es la fundación de una patria libre, dueña en absoluto de su propia soberanía para el presente y*

el 1914 la ciudadanía de Estados Unidos y así se lo comunicó al Congreso mediante un memorial introducido en el récord del Congreso.[87] Todas éstas eran señales preocupantes para los líderes de un país interesado en mantener su dominio colonial sobre Puerto Rico. Más aún, esto ocurría cuando era patente el interés de Alemania por obtener una base en el Caribe (no fue casual que Estados Unidos le comprara a Dinamarca las Islas Vírgenes en el 1917) y ya estaba en curso la Primera Guerra Mundial en la cual muy pronto intervendría Estados Unidos.

En ese contexto histórico, Estados Unidos decide enviarle un mensaje inequívoco a sus enemigos. Prueba de ello es que el informe del 1914 del Comité de Asuntos Insulares presidido por el Representante Jones, autor del proyecto para extender la ciudadanía y el cual fue aprobado por unanimidad,[88] estaba *"construido sobre la idea de que Puerto Rico permaneciera como una posesión permanente de Estados Unidos"..,* y para *"resolver esta cuestión, y por lo tanto para sacarla de la política puertorriqueña".*[89] Pero Jones fue más allá y argumentó que si los

---

para el futuro. Dentro de esta finalidad, la Unión de Puerto Rico proclama la Constitución de Puerto Rico como una república por completo independiente, o con el protectorado y la amistad de la república angloamericana". Este planteamiento se ratificó posteriormente en Asamblea del 5 al 6 de septiembre de 1914. *Ver* Bolívar Pagán, **Historia de los Partidos Políticos**.

[87] 51 Cong. Rec. App. 358 (1914). Véase además José de Diego, Obras Completas, Instituto de Cultura Puertorriqueña, San Juan 1966, Tomo II. pp. 232-244. En su parte culminante el memorial del 12 de marzo del 1914 lee: *"Si hubiera una ciudadanía del cielo, con derecho a la eterna venturanza y se nos ofreciera a cambio de la nuestra, vacilaríamos para aceptarla y en ningún caso la aceptaríamos hasta después de muertos".*

[88] Ya anteriormente en el 1911 el Secretario de Guerra, Henry Stimson, en su Informe anual al Congreso, hizo constar que: "La conexión entre Puerto Rico y Estados Unidos es permanente y ha sido considerada desde el principio como permanente". Esto después de señalar que en el caso de Puerto Rico la idea de ciudadanía debe estar *"totalmente desasociada de cualquier pensamiento sobre la estadidad".* **Informe Anual al Congreso del Secretario de Guerra,** H.R. No 341-62 Cong. 2d Sess. (1912).

[89] *A Civil Government for Porto Rico: Hearings on H.R. 13818, Before the*

puertorriqueños permanecieran siendo, como lo disponía la Ley Foraker, *"ciudadanos de Puerto Rico"*,[90] esto los podría inducir a creer que *"Estados Unidos no ha determinado el futuro status político de los puertorriqueños y por lo tanto estarían en liber-tad de echar hacia delante y clamar por la independencia"*.[91]

Para confirmar lo evidente, el gobernador de Puerto Rico, Arthur Yager, dijo en el 1916 ante el Comité de Asuntos Insulares de la Cámara: *"Puerto Rico, de otro lado,* (es decir, contrario a las Filipinas) *siempre será parte de Estados Unidos, y el hecho de que nosotros ahora, después de estos años, los hagamos ciudadanos de Estados Unidos, simplemente significa, según lo entiendo, que prácticamente hemos determinado que la bandera americana nunca será arriada en Puerto Rico"*.[92]

La Jurisprudencia y la Ciudadanía Americana en Puerto Rico

El caso de la adquisición de Puerto Rico y la imposición de la ciudadanía a sus habitantes es un ejemplo claro de la simbiosis que existe entre el Ejecutivo, el Legislativo y la Rama Judicial cuando se trata de impulsar los grandes asuntos de política pública en Estados Unidos.

Ya se ha analizado el rol que cumplió en ese proceso la Rama Legislativa. El Presidente McKinley, por su parte, no sólo había promovido y llevado a feliz término la Guerra Hispanoamericana, sino que luego de ella, nombró una comisión que recomendó en el 1899 respecto a Puerto Rico un tratamiento similar al que se le había dado a todos los otros territorios adquiridos con an-

---

House Comm. on Insular Affairs, 63d Cong; 2nd Sess. 5 (1914), p. 58.

[90] Leibowitz, *supra* nota 11, y notas 63 y 64 y **Alberto O. Lozada Colón v. Departament of State et. al.**, Distrtct Court for the District of Columbia, Civil Action No 97-183 1, April 23 1998.

[91] Hearings on H.R. 13818, p. 13.

[92] A Civil Government for Porto Rico: Hearings before the House Comm. on Insular Affairs, 64th Cong. 1st Sess. 7.

terioridad a esa fecha.[93] Implícita en su recomendación estaba la anexión de la Isla y su incorporación como una parte integral de Estados Unidos.

La Rama Judicial no se quedó atrás y es difícil determinar si luego del 1900 ésta o las ramas políticas jugaron el rol imperial con mayor entusiasmo.

Poco después del triunfo de McKinley en las elecciones de 1900, la Corte Suprema de Estados Unidos en una serie de decisiones conocidas como los Casos Insulares[94] habría de darle la bendición constitucional, el imprimátur jurídico, a la aventura imperial de Estados Unidos y a la adquisición de nuevos territorios. Dichos casos han sido analizados extensamente[95] y baste señalar sólo lo indispensable para propósitos del presente estudio.

---

[93] Henry K. Carroll, **Report on the Island of Porto Rico Special Commission for the U.S. to Porto Rico**, US Government Printing Office Washington 1899. pp. 59-61.

[94] *De Lima v. Bidwell* 182 U.S. 1 (1901); *Dooley v. U.S.* 182 U.S. 222 (1901); *Armstrong v. U.S.* 182 U.S. 243 (1901); *Downes v. Bidwell* 182 U.S. 244 (1901).

[95] La doctrina de los Casos Insulares se ha discutido abarcadoramente en un sinnúmero de publicaciones, entre las que resaltan los siguientes: Raúl Serrano Geyls, *The Territorial Status of Puerto Rico and Its Effects on the Political Future of the Island*, XI **Rev. Jur. U.P.R.** 385 (1977); Juan A. Torruella, **The Supreme Court and Puerto Rico: The Doctrine of Separate and Unequal** 40-100 (1985); José Trías Monge, **Historia Constitucional de Puerto Rico**, (1980) Tomo I, pp. 235-272; Carlos L. Gorrín Peralta, *Historical Analysis of the Insular Cases: Colonial Constitutionalism Revisited*, 56 **Rev. Col. Abo. Puerto Rico** 31 (1995); Jaime B. Fuster, *The Origins of the Doctrine of Territorial Incorporation and Its Implications Regarding the Power of the Commonwealth of Puerto Rico to Regulate Intestate Commerce*, XLIII **Rev. Jur. U.P.R.** 259 (1974); Efrén Rivera Ramos, **The Legal Construction of Identity** (2001); Christina Duffy Burnett and Burke Marshall, **Foreign in a Domestic Sense: Puerto Rico, American Expansion, and the Constitution**, Duke University Press, 2001; **United States: American Expansion and Territorial Deannexation** (2005), citado este último con aprobación por la Corte Suprema de Estados Unidos en el caso de *Boumediene v. Bush*, 128 S. Ct. 2229 (2008).

La Corte dictaminó, al analizar la constitucionalidad de la Ley Foraker del 1900 referente a Puerto Rico, que el poder del Congreso para tratar los territorios adquiridos de España era distinto al poder que tenía sobre los *"territorios incorporados"* que habían existido hasta entonces,[96] determinando (aunque técnicamente estaba tratando un problema de aranceles) que Estados Unidos podía poseer colonias indefinidamente. Más adelante añadió que *"el poder para adquirir territorios por tratado implica, no sólo el poder de gobernar dichos territorios, pero también para prescribir los términos según los cuales Estados Unidos recibirá a sus habitantes y cuál será su futuro status"*.[97] Sostuvo, además, la Corte que la noción popular que sostenía que la Constitución seguía la bandera no constituía un mandato constitucional y no tenía apoyo alguno en la propia Constitución.[98]

La línea imperialista había triunfado también en el Tribunal Supremo. Las premisas en las que se fundamentó la Corte prevalecen hasta hoy. En última instancia tienen que ver con el significado del término *Estados Unidos* en la Constitución de ese país. De acuerdo a la Corte luego de la cesión de la Isla a Estados Unidos por virtud del Tratado de París ya Puerto Rico no era un

---

[96] No fue la Corte quien inicialmente propuso el concepto de territorio no incorporado. Ya a finales de la década del 1890, en una serie de artículos publicados en las revistas jurídicas de las universidades de Yale y Harvard, prominentes juristas debatieron lo relacionado con el futuro de los nuevos territorios y se sugirió formalmente lo que habría de convertirse en ley: que un territorio podría ser adquirido por Estados Unidos sin ser "incorporado" al cuerpo político de esa nación. *Véase* Lowell, *The Status of our New Possessions, A Third View*, 13 **Harv. Law. Rev**. 155, (1899).

El Congreso legisló el concepto al aprobar la Ley Foraker con un tributo especial para productos importados desde Puerto Rico, confirmando la teoría de que la Constitución (cláusula de uniformidad tributaria) no era de aplicación a Puerto Rico. La Corte validó la acción congresional, adoptando la idea de que por ser territorio no incorporado, la Constitución no era aplicable a Puerto Rico *ex propio vigore*. Downes v. Bidwell, 182 U.S. 244 (1901).

[97] *Downes* 182 U.S. en p. 287.

[98] *Idem*

país *"extranjero"*[99] y sí un *"territorio de Estados Unidos"*,[100] un territorio que *"... pertenece a pero no es parte de Estados Unidos..."*.[101]

La Corte habló con claridad. Puerto Rico no era parte del pueblo de Estados Unidos —eso era evidente— pero pertenecía a Estados Unidos indefinidamente como un territorio no incorporado o que no estaba destinado a la estadidad. Llana y simplemente —aunque en términos no utilizados ni en la Constitución ni en las decisiones del Tribunal Supremo del primer país anticolonial de las Américas— Puerto Rico era una colonia de Estados Unidos.

Dos décadas más tarde, en el 1922, en el importantísimo caso de *Balzac v. Porto Rico*,[102] la Corte Suprema, por voz de su Juez Presidente Taft, confirmó la doctrina de los Casos Insulares y determinó que el status constitucional de Puerto Rico permaneció inalterado luego de la imposición colectiva de la ciudadanía a los puertorriqueños en el 1917, doctrina que rige hasta el presente.[103]

---

[99] *De Lima v. Bidwell* 182 U.S. 1, 200 (1901).

[100] *De Lima* 182 U.S. en p. 196.

[101] *Downes* 182 U.S. en p. 287.

[102] *Balzac v. Porto Rico* 258 U.S. 298 (1924).

[103] *Balzac* 258 U.S. en p. 309. Muy recientemente, la Corte Suprema de Estados Unidos ha reiterado la doctrina constitucional reconocida en los Casos Insulares. En *Boumediene v Bush*, 128 S.Ct. 2229 (2008), la Corte tenía que resolver si los llamados "combatientes enemigos" que el gobierno de EE.UU. ha mantenido encarcelados en la base naval de Guantánamo, Cuba, desde hace años, tenían derecho al recurso de hábeas corpus. Para ello era necesario determinar si la cláusula constitucional que garantiza el hábeas corpus, Art. 1, Sección 9, cláusula 2, de la Constitución es invocable en Guantánamo, a pesar de que dicho enclave militar, si bien se encuentra bajo control absoluto de las fuerzas armadas, no es parte de EE.UU. Para resolver que los detenidos en Guantánamo sí tienen derecho a hábeas corpus, la Corte recurrió a la "doctrina centenaria" (*century-old doctrine*) de los casos insulares. En aquellos lugares del extranjero en que el gobierno de EE.UU. ejerce control absoluto, las acciones del gobierno están limitadas por aquellas disposiciones constitucionales que garantizan derechos personales fundamentales. La corte

Según *Balzac*, ya que Puerto Rico no había sido incorporado a Estados Unidos por virtud de la extensión de la ciudadanía a los puertorriqueños, éstos sólo podrían reclamar los derechos *fundamentales* garantizados por la Constitución de Estados Unidos. Se cumplían en la práctica las palabras de Muñoz Rivera. La ciudadanía de los puertorriqueños era una ciudadanía de segunda clase, hecha a la medida para los habitantes de un pueblo exótico que no era parte del pueblo de Estados Unidos. Dicho en otros términos, según la Corte Suprema, la estadidad (o más correctamente el territorio incorporado que es la estadidad para mañana) se hizo para el pueblo americano, no para pueblos latinoamericanos, aunque los habitantes de ese pueblo sean ciudadanos de Estados Unidos o vivan en un territorio que pertenece a ese país. A menos que, como dictaminó Balzac, se mudaran a uno de los estados,[104] en cuyo caso, como individuos y no como pueblo latinoamericano, podrían convertirse en ciudadanos americanos de *primera clase*, como lo hacen todos los otros inmigrantes.[105]

¡Nadie más representativo ni más autorizado para emitir la decisión de la Corte que el entonces Juez Presidente![106] Taft

---

descarta el argumento que había ofrecido el gobierno para justificar la negación del recurso de hábeas corpus porque se basaba en una interpretación formalista de un caso –Johnson v. Eisentrager, 339 U.S. 763 (1950). *"If the Government's reading of Eisentrager were correct, the opinion would have marked not only a change in, but a complete repudiation of, the Insular Case's... functional approach to questions of extraterritorially. We cannot accept the Government's view"*. Prevalece pues, hasta el día de hoy, la doctrina que constitucionalizó el colonialismo bajo la racionalización de que al menos sus víctimas tienen la protección de los derechos fundamentales que garantiza la constitución.

[104] *Balzac* 258 U.S. en p. 308.

[105] Oficialmente, en relación a su política interna, con excepción de las tribus indias, Estados Unidos reconoce a individuos, a personas, no a pueblos. Repetimos, Estados Unidos ni es ni ha pretendido ser un estado multinacional.

[106] Esta decisión del Juez Taft merece de por sí un estudio aparte pues, rara vez en la historia constitucional de Estados Unidos, un juez tan representativo del orden prevaleciente fue tan claro y específico al hablar de un asunto de

había sido gobernador de Filipinas y Presidente de Estados Unidos antes de ser Presidente del Tribunal Supremo y su decisión resumió paradigmáticamente la doctrina, no solamente jurídica, sino social y política sobre los nuevos territorios. En el caso de Puerto Rico se trataba sencillamente de un pueblo distinto —en esto se extiende detalladamente la Corte— al de Estados Unidos. La ciudadanía constituía un instrumento para garantizar el poder colonial norteamericano sobre el territorio. La extensión de la ciudadanía a las Islas Vírgenes en 1927,[107] Guam en el 1950[108] y las Marianas del Norte en 1976,[109] no hizo más que confirmar esa tesis.

En resumen, la ciudadanía de Estados Unidos, además de su acepción general para referirse a los ciudadanos de los estados miembros de la unión de Estados Unidos de América, ha sido en la historia de ese país un concepto utilizado como instrumento jurídico para significar el dominio de ese país sobre gente claramente diferenciada del resto del pueblo de Estados Unidos. Se trata de una relación que exige la obligación de fidelidad de ese grupo de personas a Estados Unidos a cambio de protección. Así se usó el término en el caso de los negros luego de la emancipación —y hasta bien entrado el siglo 20— quienes en la práctica, en los estados del sur, no podían ejercer efectivamente el derecho al voto ni otros derechos garantizados por la Constitución. También ese ha sido el caso de los puertorriqueños, a menos que se muden a Estados Unidos. Esto a pesar de que la diferencia entre ambos casos era evidente —una minoría, desarraigada de su lugar de origen, dispersa dentro del cuerpo político de Estados Unidos y potencialmente propensa a la asimilación con el paso del tiempo, en contraste con una nación ocupada en su propio territorio, enclavado en el corazón del Caribe y parte integral de América Latina.

---

tanta importancia.

[107] *Véase* Leibowitz, *supra* nota 11 en p. 254.

[108] *Idem* nota 11 en p. 329.

[109] *Idem* nota 11 en p. 558.

Las implicaciones o consecuencias que tendrá ese instrumento jurídico, esa ciudadanía *sui generis* o de segunda clase para las futuras relaciones entre Estados Unidos y Puerto Rico, está por verse, pero, no cabe la menor duda de que será un factor de importancia al momento de tomar cualquier determinación sobre el futuro status de la isla. Confío que la desmitificación del concepto de la ciudadanía americana de los puertorriqueños sirva para clarificar ese futuro al que dedicaré la última parte de este trabajo. Pero antes es necesario analizar el caso de México y la nacionalidad dual.

IV. MÉXICO Y LA NACIONALIDAD DUAL

Al igual que Estados Unidos, otros países han ido desarrollando sus propias doctrinas de nacionalidad dual respondiendo a sus propias realidades e intereses. El caso de México, y específicamente la enmienda de finales de siglo 20 a su ordenamiento jurídico y constitucional conocida como la Enmienda de Nacionalidad Dual, es una particularmente relevante para este estudio. Debido al gran número de mexicanos residentes en Estados Unidos dicha enmienda podría afectar la actitud de ese país respecto a la nacionalidad dual.[110] También podría incidir

---

[110] La Constitución Mexicana tiene un tracto extenso en materia de nacionalidad. Originalmente la Constitución del 1857 consideraba en su Sección II, Art. 30, como mexicanos a todos los nacidos de padres mexicanos dentro o fuera del territorio de la república y a los extranjeros que se naturalizaran conforme a las leyes nacionales. *Véase* Richard W. Flournoy & Manley O. Hudson, **A Collection of Nationality Laws of Various Countries**, Oxford University Press, 1929. p. 426.

La Constitución de 1917 cambió muy poco en lo relativo a la nacionalidad. Disponía, sin embargo, que los hijos de mexicanos nacidos en el extranjero tenían que optar por la nacionalidad mexicana para poder mantenerla. Le imponía, además, requisitos de elección a los nacidos en México de padres extranjeros. Posteriormente fue enmendada para simplificar el Art. 30 referente a materia de nacionalidad.

La ola de nacionalismo, y contraria a la ciudadanía dual previa y posterior a la Segunda Guerra Mundial, tuvo como consecuencia las enmiendas de 1939 y 1944 al Decreto de 1934 que especificaba las causas para la pérdida de la nacionalidad incluyendo la de adquisición de una nacionalidad extranjera;

en la futura relación entre Estados Unidos y Puerto Rico, lo que analizaremos en la última parte de este escrito.

La Constitución Mexicana vigente distingue claramente entre nacionalidad y ciudadanía. La nacionalidad mexicana puede adquirirse por nacimiento en el territorio de la república –por *ius solis*— o por nacimiento en el extranjero de padre o madre mejicana, es decir, por *ius sanguinis*.[111] Además, puede adquirirse por naturalización.[112]

De otra parte, la Constitución define como ciudadanos a aquellos de nacionalidad mexicana que hayan cumplido 18 años y tengan un "modo honesto de vivir".[113] Además, les impone obligaciones[114] y les otorga ciertos derechos como el de votar en las elecciones y postularse para todos los cargos de elección

---

específicamente el art. 3 (1) del Decreto de Nacionalidad del 18 de enero del 1934, en U.N. Legal Dep't Laws Concerning Nationality, 307, U.N. Doc St/LEG/SER.B/4 (Secretariat of the U.N., 1954).

Debe señalarse, además, que por virtud del Tratado de Montevideo de 1933, 19 países de América Latina, incluyendo México, rechazaban cualquier forma de nacionalidad dual. *Véase* **Pacto de Montevideo** de diciembre 26, 1933; 49 Stat. 3097; 165 L.N.T.S 19

[111] **Constitución Política de los Estados Unidos Mexicanos**, según enmendada, Diario Oficial de la Federación, Título Primero, Capítulo II De los Mexicanos, Art. 30. La distinción entre nacionalidad como el vínculo que une a una persona con un estado y la ciudadanía como el derecho que tienen los nacionales para intervenir en los negocios públicos y de ser electos y elegidos también se establecen en las constituciones de diversas naciones. *Véase* discusión en pp. 104-105, *supra*.

[112] **Const. Mex**. Capítulo II Art. 30 (b). Dispone que serán mexicanos naturalizados los extranjeros que obtengan carta de naturalización de la Secretaría de Estado y los extranjeros, varón o mujer, que contraigan matrimonio con un mexicano o mexicana, establezcan su domicilio en el territorio nacional y cumplan con otros requisitos de ley.

[113] *Idem* Tit. I, Cap. IV, Art. 34.

[114] Los ciudadanos tienen que inscribirse en el padrón municipal manifestando la propiedad que tienen o la industria o el trabajo del cual viven y alistarse en la guardia nacional, entre otros. Idem. Tit. I, Cap. IV, ART. 16.

popular.[115]

Por último, la Constitución Mexicana disponía en su Art. 37 para la pérdida de la nacionalidad, y por ende de la ciudadanía, por razón de la naturalización en un país extranjero. Más aún, la Constitución Mexicana prohibe a los extranjeros ser propietarios de tierras dentro de los 100 kilómetros de sus fronteras ó 50 kilómetros de sus costas. También limita la capacidad de los extranjeros en cuanto al por ciento de acciones que pueden tener en ciertos negocios, entre otras restricciones.[116]

Es dentro de ese contexto jurídico que debe analizarse la enmienda a la Constitución Mexicana,[117] que entró en vigor en 1998, la llamada enmienda de nacionalidad dual que dispuso para que se pueda conservar la nacionalidad mexicana aunque se pierda la ciudadanía por razón de naturalización en un país extranjero.[118]

---

[115] Otras prerrogativas del ciudadano son poder ser nombrado para cualquier empleo público o comisiones, asociarse para poder tratar asuntos políticos, tomar las armas en el ejército para la defensa de la república y ejercer el derecho de petición. *Idem*. Tit. I, Cap. IV, ART. 35.

[116] *Idem*. Título I, Cap. I, Art. 27.

[117] En marzo de 1997, tres meses después que el Parlamento Mexicano aprobara las enmiendas sobre la doble nacionalidad, México se retiró del Tratado de Montevideo de 1933 que prohibía la doble nacionalidad.

[118] Esta enmienda guarda similitud con la disposición constitucional que permite a los nacionales dominicanos obtener una nacionalidad extranjera. Los nacionales de la República Dominicana que se hayan naturalizado en otros países conservan derechos políticos en su país de origen. *"La adquisición de otra nacionalidad no implica la pérdida de la nacionalidad dominicana."* Véase **Const. Rep. Dom.** Título III §I art. 11 ¶ I y ¶IV.

La Sección II del mismo título habla sobre la ciudadanía, *"son ciudadanos todos los dominicanos de uno y otro sexo que hayan cumplido 18 años de edad y los que sean o hubieran sido casados, aunque no hayan cumplido esa edad."* En su artículo 13, de esta misma sección, menciona los derechos de los ciudadanos dominicanos: *"1)votar con arreglo a la ley para elegir los funcionarios a que se refiere el artículo 90 de la Constitución; y 2) ser elegibles para ejercer los mismos cargos a que se refiere el párrafo anterior."* Según este artículo, los ciudadanos dominicanos pueden elegir y ser elegidos para ocupar puestos de presidente, vicepresidente, senadores, diputados,

Pero dicha enmienda no puede comprenderse a cabalidad si no analizamos las razones económicas y políticas que dieron margen a la misma.

Trasfondo de la Enmienda de Nacionalidad Dual

No es de extrañar que a la luz de su historia haya primado en México hasta finales del siglo 20 una actitud exclusivista respecto a la nacionalidad.[119] El interés de México en mantener el mayor

---

regidores de ayuntamiento y sus suplentes, síndico del Distrito Nacional y síndicos municipales y sus suplentes, así como cualquier otra función que se determine por ley.

La Ley Electoral dominicana establece que los dominicanos residentes en el extranjero pueden ejercer el derecho al sufragio para elegir presidente y vicepresidente de la República Dominicana. Esta Ley permite que los emigrantes y los dominicanos que se naturalizaron como ciudadanos en los Estados Unidos puedan ejercer el derecho al voto en las elecciones presidenciales de la República. *Véase* **Ley Electoral de la República Dominicana**, Ley núm. 275-97, Título IX, Art. 82. En las elecciones del 2004, por primera vez, los dominicanos que residen en el extranjero pudieron ejercer el derecho al voto en ciudades como Caracas, San Juan y Madrid.

Por otro lado, los dominicanos residentes en los Estados Unidos sólo pueden votar en las elecciones de ese país si se han naturalizado, es decir si se convirtieron en ciudadanos americanos. Esto no significa –a tenor con lo explicado anteriormente– que hayan perdido sus derechos políticos en la República Dominicana.

[119] Lo que algunos observadores superficiales podrían considerar como un exagerado nacionalismo prevaleciente en México, es una consecuencia lógica no sólo de su lucha por la independencia de las primeras décadas del siglo 19, sino de su historia posterior a la misma. Durante el curso del siglo 19, primero la expoliación para mediados de siglo de la mitad de su territorio por parte de Estados Unidos (incluyendo a California, Texas, Arizona, Nuevo México, Nevada y Colorado), y posteriormente la invasión francesa y el gobierno del Emperador Maximiliano fueron creando en el pueblo mexicano una actitud defensiva y antiextranjera. Durante el siglo 20, comenzando en el 1910 la Primera Revolución Social del siglo y la consecuente Reforma Agraria — además de la incursión de Pershing— en una época cuando muchos extranjeros, particularmente norteamericanos, eran dueños de la tierra a través de múltiples subterfugios, se fueron solidificando las actitudes originadas en el siglo 19. Ese proceso llegó a su cúspide en la década de 1930 con la expropiación del petróleo previo a la Segunda Guerra Mundial en donde, como ya hemos

control posible sobre sus recursos –incluyendo el humano– y de evitar a toda costa los reclamos e intervenciones del extranjero así lo demandaban. Sólo muy poderosas razones podrían explicar la nueva enmienda de nacionalidad dual a la Constitución en un país de larga estirpe nacionalista como México.

La razón más importante fue una de carácter económico. Durante décadas la extensa frontera de miles de kilómetros entre Estados Unidos y México ha sido, para usar un término en boga, una frontera porosa y las prohibiciones al libre tránsito entre ambos países son violadas constante y frecuentemente. La necesidad de mano de obra barata de la economía de Estados Unidos ha constituido el imán detrás del constante influjo a ese país de trabajadores mexicanos, particularmente en tiempos económicos difíciles. Como consecuencia, ya para finales del siglo 20, millones de trabajadores mexicanos residían legalmente en Estados Unidos y millones adicionales lo hacían ilegalmente.[120] El 70% de los inmigrantes que llegaron a Estados Unidos después del 1980 son mexicanos. En la década del 1990 lo hicieron a un ritmo de medio millón por año.

Mientras la relativa prosperidad de la postguerra prevaleció, el acuerdo escrito y no escrito entre México y Estados Unidos respecto al flujo de inmigrantes mexicanos mantuvo su vigencia. Pero ya para la última década del siglo 20 las condiciones económicas en ambos países que hacían posibles dichos arre-

---

señalado, el sentido exclusivista de los mexicanos encontró también expresión en su ordenamiento jurídico respecto a sus leyes de nacionalidad.

[120] Según el Pew Hispanic Center, entre 1996 y 2006 la población de Estados Unidos creció en cien millones de personas hasta alcanzar los 300 millones. Los latinos contribuyeron con un 36 por ciento a este crecimiento. Así, entre 1966-1967 y 2006 la población latina aumentó de 8,5 millones a 44,7 millones, convirtiéndose en la primera minoría étnica. El crecimiento de la natalidad —cuya tasa es el doble de la estadounidense— y la migración constituyen dos factores explicativos de este crecimiento. En cuanto a los indocumentados se estima que para el 2007 su número era 12 millones, la mitad de los cuales eran mexicanos, cifra que aumentaría a un ritmo anual de medio millón de personas, eso es más de mil diarios. *Véase* Publicación **I.S: Comité sobre Migración**, Verano 2008, pp. 49-64.

glos comenzaron a cambiar. La crisis económica de México de 1994 y la extraordinaria devaluación del peso marcaron la escena mexicana y el desempleo y la emigración a Estados Unidos se multiplicaron. En Estados Unidos, a su vez, comenzaron en la década final del siglo 20 a evidenciarse fisuras y dificultades en la economía y ya para el 1995 empezaron a manifestarse abiertamente señales claras de un sentimiento anti inmigrante, particularmente en California, las cuales se extendieron a regiones más amplias del país. Dichas actitudes encontraron expresión en varias iniciativas legislativas contra los inmigrantes iniciadas a mediados de la década del 90. Ejemplo de ellas son el *Personal Responsability and Work Opportunity Reconciliation Act* del 1996,[121] que hace inelegibles para recibir beneficios federales a los inmigrantes legales y sus hijos. La Proposición 187 de California, de otro lado, le negaba a los inmigrantes ilegales la educación pública y servicios sociales y de salud. Estas propuestas aceleraron en México el proceso de consideración y aprobación de la enmienda de la Constitución Mexicana para permitir la nacionalidad dual.

México se enfrentó a un potencial influjo de mexicanos domiciliados en Estados Unidos empujados por la nueva política anti inmigrante de ese país que consecuentemente podrían empeorar más aún la difícil situación económica mexicana. Al poder adquirir la ciudadanía de Estados Unidos sin perder la nacionalidad mexicana, dichas personas quedarían protegidas en el país de domicilio, Estados Unidos, sin verse forzadas a regresar a México.

Pero también existen otras razones que explican la aprobación de la enmienda. Estas demuestran cuán variados pueden ser los factores que tanto en México como en otros países inciden a la altura del siglo 21 en las determinaciones y actitudes respecto a la nacionalidad y a la nacionalidad dual.

---

[121] *Véase e.g.* Personal Responsability and Work Opportunity Reconciliation Act del 1996, Pub. L. No. 104-193, 110 Stat. 2105 (1996). *Véase además* Mindy S. Chung, *Proposition 187: A Beginner's Tour Through a Recurring Nightmare,* 1 V.C. Davis J. Int'l L. and Poly 267 (1995).

Son muchos los mexicanos en Estados Unidos que valoran profundamente sus relaciones culturales y afectivas con México y para quienes perder su carácter de mexicanos al obtener la ciudadanía de Estados Unidos, según disponía el Art. 37 de la Constitución, sería inaceptable.[122] En las décadas posteriores a la Segunda Guerra Mundial tales consideraciones podían resultar irrelevantes para la clase política mexicana. En muchas ocasiones los inmigrantes a Estados Unidos eran mirados con desdén y hasta con desprecio. Pero a la vuelta del siglo 21 dichos inmigrantes se habían multiplicado y convertido en un factor de mucha importancia económica y política en la vida mexicana. Tanto sus remesas multimillonarias[123] como su poder político y el de sus familiares gravitaban poderosamente en México. Por lo tanto, en esas condiciones, el afán de los inmigrantes mexicanos por mantener sus lazos culturales con México fue uno de los factores —sin exagerar su importancia— que trajo como consecuencia la enmienda constitucional sobre la nacionalidad dual.

Otro factor fue el potencial para el fortalecimiento del bloque o *lobby* de votantes méxico-americanos que (tomando como ejemplo el bloque judío-americano) no sólo velaría por los intereses de esos votantes, sino que también contribuiría a legislación y políticas en Estados Unidos favorables a México. Si a los millones de votantes de origen mexicano que ya votan en Estados Unidos se le añaden los millones que podrían naturalizarse[124] luego de la enmienda sobre ciudadanía dual —entre

---

[122] En el periodo de 1977 al 1992 menos el 17 % de los inmigrantes mexicanos se naturalizaron, mientras que el 40% de todos los inmigrantes de Estados Unidos lo hicieron en el mismo periodo. U.S. Department of Justice, 1993 **Statistical Year Book of the Inmigration and Naturalization Service**, 1994.

[123] Según un estudio del BID del 2006, se estima que para ese año las remesas de los latinos de Estados Unidos eran de unos 45,000 millones de dólares, la gran mayoría de los cuales se remiten a México. Para la América Latina y el Caribe, el monto de tales remesas para el 2005 representó más que la ayuda al desarrollo y la inversión extranjera directa. Publicación IS Comité sobre Migración, Op. *Supra* en la nota 120, p. 151.

[124] Debe señalarse que a los 2 a 5 millones de inmigrantes mexicanos que se

2 a 5 millones de inmigrantes mexicanos podrían ser elegibles para residencia legal en Estados Unidos por virtud del *Emigration Reform Control Act* de 1996— el peso total de tal bloque electoral podría ser determinante en estados como Texas, California, Illinois y Arizona, entre otros, y muy importante en las elecciones federales de Estados Unidos. Nada demuestra mejor lo anterior que la creciente preocupación de los candidatos a la presidencia de Estados Unidos respecto al llamado voto hispano para las elecciones de 2008.

Pero los efectos potenciales de la enmienda mexicana respecto a la fuerza política en Estados Unidos de un bloque político méxico-americano no se limitan a lo ya señalado. Para analizar los mismos hay que considerar el potencial efecto multiplicador de la referida enmienda sobre futuras generaciones.

Ese efecto podría darse porque ciudadanos norteamericanos de padres mexicanos podrían optar por la nacionalidad mexicana ya que la Constitución Mexicana le permite a los hijos nacidos en el extranjero de padres mexicanos optar por la nacionalidad de sus padres. Consecuentemente los hijos nacidos de dichos ciudadanos norteamericanos también tendrían similar opción. La cadena de ciudadanos duales podría así repetirse de generación en generación. Si consideramos que la gran mayoría de los llamados hispanos o latinos en Estados Unidos son de extracción mexicana, podemos comprender la magnitud del problema. ¿Estaría Estados Unidos dispuesto a permitir tanto poder político en un bloque de votantes, parte del cual ostenta, además de la de Estados Unidos, la nacionalidad de un país extranjero? [125]

---

calcula podrían ser elegibles para residencia legal en Estados Unidos por virtud del *Emigration Reform Control Act* de 1996, habría que añadir a la familia de tales personas que podrían adquirir la ciudadanía americana más fácilmente ya que no estarían sujetos a las cuotas o listas de espera.

[125] Tampoco deben subestimarse los problemas para México de la doble ciudadanía. El sentido de unidad nacional tan importante en tiempos de crisis podría verse socavado por la existencia de dos tipos de ciudadanos mexicanos, los que ostentan sólo la ciudadanía mexicana y los que ostentan además la ciudadanía de la nación más poderosa del mundo.

Bajo el actual ordenamiento jurídico de Estados Unidos es muy poco lo que ese país puede hacer para que la nueva enmienda a la Constitución Mexicana no tenga los efectos señalados.[126]

La pregunta de fondo que se le presenta a Estados Unidos luego de la enmienda sobre nacionalidad dual a la Constitución Mexicana es la siguiente: ¿Cómo enfrentar el problema de un incremento de ciudadanos americanos con nacionalidad dual tratándose de una inmigración, como la mexicana, totalmente distinta —como veremos a continuación— a la que enfrentó ese país con inmigraciones anteriores en su historia? Esto sin considerar el enorme problema de la inmigración mexicana ilegal, asunto que está fuera del alcance de este escrito.

Las primeras oleadas de extranjeros que arribaron a Estados Unidos luego de su independencia, en su mayoría inmigración europea, no tuvieron mucha dificultad en asimilarse al modo de ser y cultura general del país. *E Pluribus Unum* (de muchos uno) se convirtió no sólo en el lema, sino en la realidad de Estados Unidos. La similar extracción racial, los amplios espacios, la migración interna y la diseminación del idioma inglés también contribuyeron al ya famoso *melting pot* estadounidense. Los que llegaban —lo hacían en búsqueda de una nueva patria y alejados por un océano de sus patrias originales— ayudaron a crear una nueva nacionalidad en el sentido social y cultural del término. En Estados Unidos las minorías étnicas podían retener rasgos particulares pero las aglutinaba el modo de vida norteamericano. Como consecuencia Estados Unidos, entrando en su tercer siglo de historia como país independiente, aún con sus problemas de minorías, se ha convertido en un país unitario, quizás también

---

[126] Como hemos analizado anteriormente, y la jurisprudencia americana (*véase* Vance v. Terrazas en la nota 56) ha dejado claramente establecido, por regla general un ciudadano no puede ser privado de su ciudadanía en contra de su voluntad. Más aún, al requerir la comisión voluntaria de ciertos actos de expatriación y además la intención de abandonar la ciudadanía americana, la renuncia a dicha ciudadanía es "extremadamente" difícil.

multicultural, pero definitivamente no multinacional.[127] La experiencia de Quebec y de varios estados nacionales de Europa, plagados por conflictos de nacionalidades, no han sido más que fantasmas exóticos en la experiencia política norteamericana.

Y es precisamente ese concepto y realidad de país unitario — no multinacional— el que para muchos en Estados Unidos puede poner en riesgo la masiva inmigración mejicana proveniente de un país vecino, con una frontera común de miles de kilómetros, con una cultura e historia antiquísima y vibrante —parte de la vasta cultura continental latinoamericana— con una raza y un idioma distinto y que emigra hacia un territorio norteamericano gran parte del cual era previamente territorio mexicano.

El problema de la nacionalidad dual méxico-americana es el reflejo jurídico de esa realidad subyacente. A su vez, el problema político fundamental es precisamente aquél que llevó a los estados nacionales a repudiar el concepto de nacionalidad dual: el problema de las potenciales lealtades divididas o en conflicto de dichos ciudadanos duales, particularmente en momentos de crisis. Si en el caso de la inmigración mexicana *the chickens are coming home to roost*[128] y si *el río busca su cauce*, ¿será verdad también que *la sangre pesa más que el agua*? Esa es una de las grandes interrogantes y de los grandes retos que tiene por delante el gobierno de Estados Unidos.

Puerto Rico también representa para Estados Unidos un reto de incalculables dimensiones. A eso dedico las últimas páginas de este escrito.

---

[127] Sobre el multinacionalismo y el multiculturalismo *véase* Will Kymlicka, **La política vernácula, Nacionalismo, multiculturalismo y ciudadanía**, Ed. Paidós, 2003. p. 311. Dice el autor: *"Estados Unidos incluye varios grupos que fueron colonizados y que piensan en sí mismos como naciones internas, Puerto Rico, los chamorros de Guam y los indios americanos"*, y añade que *"... son efectivamente tratados como naciones internas..."*

Para la evidente distinción jurídica entre una "nación interna" como Catalunya y una como Puerto Rico *véase* Parlament de Catalunya, **El alcance de la autonomía política de Puerto Rico**, (Barcelona, 2005) (particularmente las intervenciones de Fernando Martín, pp. 45, 58, 64 y 99).

[128] Podría traducirse libremente como *"Las gallinas vuelven a su nido"*.

V. CIUDADANÍA, NACIONALIDAD Y EL FUTURO DE PUERTO RICO

Luego de una historia colonial más que centenaria bajo el dominio de Estados Unidos, el rigor exige, si se pretende incursionar a la altura del siglo 21 en el inescrutable campo de anticiparce al futuro, un esfuerzo consciente de comparar las condiciones existentes al presente y en el futuro previsible con las que dieron margen a la decisión estadounidense de extender la ciudadanía americana a los puertorriqueños.

El interés geopolítico norteamericano en el Caribe[129] era ya evidente desde finales del siglo 18 y principios del siglo 19,[130] y antes de la Guerra Cubano-Hispanoamericana había encontrado concreción práctica en los intentos de anexión de Santo Domingo de mediados del siglo 19. La ocupación militar de Puerto Rico en 1898 fue, a su vez, consecuencia lógica de ese trasfondo histórico. Posteriormente, en el 1917, en medio de la Primera Guerra Mundial, Estados Unidos reafirmó mediante la extensión de la ciudadanía a Puerto Rico su decisión estratégica de hacer de la isla un enclave militar permanente en el Caribe para proteger los accesos del Canal de Panamá y mantener el control e impedir el acceso de una potencia hostil en el área.[131]

El interés de mantener a Puerto Rico como colonia también

---

[129] Sobre el trasfondo histórico del interés y ocupación norteamericana de Puerto Rico que dura hasta el presente véase el escrito de Fernando Martín en este mismo libro. Por la importancia del tópico se reitera al inicio de esta conclusión una síntesis de dicho trasfondo histórico. *Véase* también La Faber, **The New Empire: An Interpretation of American Expansion 1860-1898**,Connell University Press, Itaca, 1963; W,H. Callcott, **The Caribbean Policy of the U.S. 1898-1920**, The Johns Hopkins University Press, Baltimore, 1942).

[130] *Véase* la Ponencia ante el Comité de Descolonización de la ONU de agosto de 1973 en Rubén Berríos Martínez, **La Independencia de Puerto Rico: Razón y lucha**, Editoria Línea, México, 1983. pp. 61 y 55.

[131] Mientras esto ocurría en Puerto Rico, Estados Unidos llevaba a cabo políticas intervencionistas dirigidas a mantener su control en toda la zona del Caribe. Testimonio de ello son la ocupación de Haití en 1915 y de República Dominicana en 1916 y las intervenciones en Nicaragua en 1912 y en Cuba en 1916; más la compra de las Islas Vírgenes Danesas en 1917.

quedó demostrado por la política de americanización y asimilación cultural[132] que llevó a cabo ese país en Puerto Rico desde el inicio de su ocupación, además de la persecución continua contra el independentismo.

En las diversas ocasiones durante el siglo 20, en que los independentistas incrementaron su apoyo, Estados Unidos logró imponer directamente y a través del gobierno local su voluntad colonial debido a la enorme disparidad de fuerzas entre metrópoli y colonia. Lo hizo con mano dura, mediante la persecución, el discrimen y el chantaje, con mano blanda mediante el soborno y la compra de conciencia, y a través de una combinación de ambas. La historia entre 1930 y 1960, por ejemplo, constituye un relato de horrores. Estos van desde la Masacre de Río Piedras y la de Ponce[133] y el primer encarcelamiento de don Pedro Albizu Campos, a la *Ley de la Mordaza* y la persecución inmisericorde del Partido Nacionalista y del Partido Independentista en la década del '50, incluyendo el posterior encarcelamiento de don Pedro y de cientos de independentistas y nacionalistas.[134]

---

[132] *Véase* Negrón de Montilla, Aida, **La americanización en Puerto Rico y el sistema de instrucción pública 1900-1930**, Ed. Universitaria, Río Piedras, 1977. *Véase también* la sección "La Situación Lingüística en Puerto Rico" en Raúl Serrano Geyls y Carlos I. Gorrín Peralta, *Puerto Rico y la Estadidad: Problemas Constitucionales*, **Rev. Col. Abog. PR**, Nov. 1981, Vol. XLII, Núm. 4, pp. 31-56; Nilita, Vientós Gastón, "El Tribunal Supremo de Puerto Rico y el Problema de la Lengua", Casa de Las Américas, enero-febrero, 1972; Alfonso García Martínez, **Idioma y política en Puerto Rico**, Ed. Cordillera, San Juan, 1976, con introducción de Carmelo Delgado Cintrón; Charles Joseph Beirne SJ, **El problema de la americanización en las escuelas católicas en Puerto Rico**, Ed. Universitaria, Río Piedras, 1976; Eduardo Seda Bonilla, **Réquiem para una Cultura**, Ed. Edil, Río Piedras,1970.

[133] Marisa Rosado, **El Nacionalismo y la violencia en la década del 1930**, Ed. Puerto, San Juan, Puerto Rico, 2000. (*véase* pp. 31 y 93, respectivamente. En la masacre de Ponce hubo 22 muertos y más de 100 heridos, lo que contrasta con la famosa Masacre de Boston donde murieron 4 personas).

[134] Ivone Acosta Lespier, **La Mordaza. Puerto Rico 1948-1957**, Ed. Edil, Río Piedras, 1987. *Véase también* Miñi Seijo Bruno, **La Insurrección Nacionalista en Puerto Rico 1950**, Ed. Edil, San Juan, Puerto Rico, Segunda Ed., 1997. Desde finales de la década del 50, a la persecución contra el Partido Nacionalista

En esa época, luego de la Segunda Guerra Mundial, cuando comienza la Guerra Fría y se expande el proceso de descolonización en el mundo, es que ante el auge del independentismo, Estados Unidos con la colaboración de un sector importante de ex independentistas hizo prevalecer nuevamente su interés geopolítico y militar. Ese propósito se logró mediante la aprobación de la Ley de Gobernador Electivo del 1947[135] y un proyecto reformista en el 1952 bajo el nombre de Estado Libre Asociado que dejaba intacta la base de la colonia.[136] En el léxico oficioso de la colonia —no de Estados Unidos— la ciudadanía americana pasó a conocerse también como la ciudadanía común.

La política represiva que continuó en décadas posteriores y dura hasta el presente[137] unida a la propaganda colonial y antiin-

---

y el Partido Independentista, se unió la persecución contra el Movimiento Pro Independencia (luego Partido Socialista Puertorriqueño) y otras organizaciones independentistas.

[135] Elective Governor Act 1947, 48 U.S.C. §737.

[136] *Véase* Vicente Géigel Polanco, **La farsa del Estado Libre Asociado**, Editorial Edil, 1972; Vicente Géigel Polanco, *Ley de Relaciones Federales y el Estado Político de Puerto Rico, en* **Rev. Col. Abog. PR,** (1962); Fernando Martín García, **La Independencia de Puerto Rico. Historia y futuro**, Publicación PIP, 2006. pp 18-26.

[137] No fue hasta 1988 que el Tribunal Supremo de Puerto Rico, luego de un largo proceso y frente a la férrea oposición del gobierno colonial, se vio forzado finalmente a declarar ilegal la práctica policiaca de mantener expedientes secretos sobre más de 135 mil independentistas por razón de su ideología política quedando así confirmadas las denuncias de persecución y discrimen sistemático que venía señalando el independentismo por más de medio siglo, y que, sin duda, continúan aún. Esta decisión judicial (*Noriega v. Hernández Colón*, 122 D.P.R. 650, del 21 de noviembre de 1988) por supuesto no obligó —ni podía obligar— al FBI a suspender sus propias prácticas persecutorias que persisten hasta el día de hoy. En el 1978 el gobierno perpetró el asesinato de dos jóvenes independentistas en el Cerro Maravilla. En el 2005 Filiberto Ojeda, líder del grupo *Los Macheteros* luego de años en la clandestinidad fue emboscado y asesinado en su casa por fuerzas del FBI. Aún cumplen condena en Estados Unidos Oscar López, Haydee Beltrán y Carlos Alberto Torres, quienes han estado en prisión por más de 25 años, mientras que William Guillermo Morales, luego de ser encarcelado, logró evadir a sus captores y permanece

dependentista tuvieron como resultado que grandes sectores del pueblo identificaran la independencia con todas las calamidades imaginables.

Al tiempo que se criminalizaba y se intentaba aplastar al independentismo, un número mayor de puertorriqueños comenzó a asociar su supervivencia económica personal con la relación política con Estados Unidos, y con el vínculo jurídico que manifiesta individualmente dicha relación, es decir, la ciudadanía americana. Esa tendencia se fortaleció con los primeros planes de reconstrucción económica bajo el *Nuevo Trato* del Presidente F.D. Roosevelt en los años 30. En la segunda parte del siglo 20, comenzando con los planes federales de la post-guerra, y particularmente a partir de la llamada *Guerra contra la Pobreza* del presidente Johnson, más y más puertorriqueños, principalmente de las clases más necesitadas, asociaron las ayudas sociales con la ciudadanía americana. Similar opinión existía y existe respecto al resto de las transferencias federales, aunque más de la mitad de las mismas son devengadas, es decir, son pagos por servicios rendidos o por envíos recurrentes desde Puerto Rico al gobierno de Estados Unidos; no ayudas sino derechos adquiridos.[138]

---

asilado en Cuba. Fernando Martín García, **La Independencia de Puerto Rico, Historia y futuro**, Publicación Partido Independentista Puertorriqueño, 2007. pp. 20-23.

En sentencia ya final y firme emitida el 20 de octubre del 2009 el Tribunal de Primera Instancia de San Juan declaró con lugar la demanda del Partido Independentista Puertorriqueño, como institución, reclamando al ELA el resarcimiento de daños por décadas de persecución a través de la práctica conocida como *carpeteo*. Al conceder el máximo de daños permitido por ley el Tribunal señaló: *"Este Tribunal no tiene duda de que tales daños superarían por mucho el máximo permitido por la Ley de Pleitos contra el Estado"*. Sostuvo, además que: *"Someter a una institución política a un régimen de persecución, estructurado y mantenido por el Estado —régimen del cual, no solo han estado exentos los demás partidos políticos, sino con el que han colaborado una vez advienen al poder— constituye la forma más clara que se pueda concebir de desigualdad creada, es decir, no dependiente de situaciones internas de dicho partido, sino impuesta por las condiciones diseñadas por el Estado"*.

[138] Sobre esta materia y asuntos relacionados véase en este mismo libro el escrito

de Francisco Catalá, *La Economía de Puerto Rico: Del Enclave Colonial al Imperativo de la Independencia*. Baste señalar, sin temor a repeticiones, por la importancia del tema, lo siguiente: a partir del último medio siglo, la economía de Puerto Rico ha incrementado la proporción de fondos o transferencias federales de 5.8% del PNB en 1960 a 20.5% en el 2009 aunque con altas y bajas significativas durante ese periodo. En ocasiones hay transferencias especiales no recurrentes. Si para el año 2009 se excluyeran los fondos de la *Ley de Recuperación y Reinversión de América* (ARRA, por sus siglas en inglés), que no son recurrentes, el coeficiente citado sería 18.9%. Estos niveles no alcanzan ni de lejos las cifras a las que se ha aludido durante tanto tiempo como han reclamado algunos, de entre una cuarta parte y un tercio del PNB. Debe establecerse una diferencia entre las transferencias devengadas y las transferencias otorgadas. Contrario a la creencia generalizada, la cuantía mayor de las transferencias recibidas por los residentes de Puerto Rico son devengadas, es decir, pagos por servicios rendidos o por envíos recurrentes de los individuos al gobierno de Estados Unidos a lo largo de su vida productiva. De modo que la cuenta más grande —el Seguro Social— así como los pagos de *Medicare*, los beneficios de veteranos y otras pensiones, son derechos adquiridos, por lo que no constituyen ayudas como se ha pretendido hacerle ver a sus recipientes, sino compensaciones recibidas debido a que se pagó por ellas, ya fuese en servicios prestados o en forma monetaria. En el caso de las transferencias otorgadas la cuenta más grande es la del PAN, pero en el 2009 ésta representó apenas un cuarta parte del monto del Seguro Social. Tanto las becas como los subsidios de vivienda y otros programas se consideran ayudas, pero su monto es muy inferior al del total de transferencias devengadas.

Llama la atención que a partir de 1980, cuando las transferencias otorgadas representaron 40.8% del total, la tendencia ha sido declinante: en el año fiscal 2009 las ayudas directas a individuos, incluyendo los fondos ARRA, representaron un 25.6% de los recibos provenientes del gobierno federal de Estados Unidos. Si, como debe ser, excluimos los fondos ARRA, tal proporción se reduciría a 20%. En otras palabras, 80% de los pagos recibidos por los puertorriqueños en el último año fiscal constituyeron transferencias devengadas —derechos adquiridos— por cada uno de los recipientes. Específicamente, las transferencias otorgadas a los ciudadanos fueron $2,506.5 millones en comparación con $10,041.4 millones en pagos recibidos por derechos adquiridos. A pesar de la creciente brecha entre las transferencias devengadas y las otorgadas, no cabe duda de que el volumen de la segunda es indicativo de los problemas de desempleo y de pobreza en el país.

En lo que concierne a las transferencias que recibe el sector público consolidado de Puerto Rico (gobierno central, corporaciones públicas y municipios) éstas sumaron en el 2009 a $2,896.5 millones. Si esta última cifra se suma a los $2,506.5 millones de transferencias otorgadas recibidas por los

El imaginario colectivo convirtió a la ciudadanía americana en la gallina de los huevos de oro, especialmente cuando se comparaba la situación económica de Puerto Rico con la prevaleciente hasta recientemente en gran parte del entorno caribeño. Más tarde, luego de la extensión a Puerto Rico del *Programa de Cupones para Alimentos* en el 1975, se creó una nueva relación de dependencia –personal y concreta– entre el gobierno de Estados Unidos y gran parte de la población de Puerto Rico.[139]

---

individuos y añadimos $216 millones en subsidios federales a las industrias obtenemos la cifra absoluta de ayudas provenientes del gobierno federal: $5,619 millones. Estas transferencias otorgadas, que pueden catalogarse de indicador de dependencia, representan solo el 5.9 por ciento del Producto Interno Bruto. De este indicador quedan excluidas las transferencias devengadas ($10.041 millones) puesto que son derechos adquiridos. Siguiendo un análisis distinto podría argumentarse que si se excluyen las transferencias devengadas y se restan los pagos y cotizaciones que se enviaron desde Puerto Rico hacia el gobierno federal de Estados Unidos ($3,757 millones) el cuadro se altera sustancialmente. Si se aceptara esa premisa la dependencia de Puerto Rico se reduciría a apenas 1.94% del PIB.

En todo caso, si a las cifras anteriores se añade que en el 2009 las compañías norteamericanas en Puerto Rico informaron transferencias de ganancias al exterior por un monto de $35,443 millones (comparados con $11,903 millones en aportaciones federales) y que las importaciones de productos norteamericanos a Puerto Rico fueron de $19,069 millones (que representan cerca de 700 mil puestos de trabajo en los Estados Unidos) y añadimos que en los últimos 30 años las compañías norteamericanas han sacado de Puerto Rico la astronómica suma de más de 500,000,000,000 (medio *trillón* que es el equivalente a 20 veces el presupuesto anual consolidado de la isla) el mito de que Puerto Rico recibe mucho sin dar nada a cambio queda totalmente derrumbado.

Los datos utilizados en esta nota han sido tomados de las publicaciones económicas oficiales del gobierno de Puerto Rico; *véase* el **Apéndice Estadístico del Informe Económico al Gobernador 2009**, de ese año y anteriores. Un análisis detallado de dichos datos está contenido en la Segunda edición del libro del Dr. Edwin Irizarry Mora, **Economía de Puerto Rico, Evaluación y Perspectivas**, Ed. Thompson, Leanin, México, DF, en imprenta.

[139] Estos programas en Estados Unidos son dirigidos a alrededor del 12% de la población que vive bajo el nivel de pobreza. En Puerto Rico, a donde se extienden parcialmente, el por ciento es alrededor de 48.2%, **Censo de Población y Vivienda**, U.S. Department of Commerce, 2000.

Esto sucedía mientras las multinacionales norteamericanas establecidas en Puerto Rico, y exentas del pago de contribuciones estatales y federales (situación que prevaleció hasta el 2005), obtenían cuantiosas ganancias, mucho mayor que el monto total de las aportaciones federales.[140] A mayor dependencia económica, mayor identificación de la ciudadanía americana con el bienestar económico y con la posibilidad de la emigración a Estados Unidos.[141]

Los efectos políticos de dichos desarrollos no se hicieron esperar. Como se anticipó hace más de cuarenta años, el Estado Libre Asociado se ha confirmado como un semillero de estadistas. Durante el último medio siglo ha crecido continuamente el número de los que en Puerto Rico pretenden que se aumenten y garanticen permanentemente los pagos federales. Para los estadistas puertorriqueños, la ciudadanía americana es preludio para convertir a los puertorriqueños en ciudadanos *de primera* y a Puerto Rico en Estado de la Unión; a su vez, convirtiendo a Estados Unidos en un estado multinacional.

Pero la decisión de convertir a Puerto Rico en un estado —asumiendo que los puertorriqueños lo solicitaran— al igual que la de extender la ciudadanía en el 1917, no es prerrogativa de los puertorriqueños. Esa decisión compete a Estados Unidos que la tomará según lo dicten sus intereses.

De otro lado, si Puerto Rico se convirtiera en un país inde-

---

[140] *Véase* nota 138, *supra*, parte final.

[141] Durante las décadas del 1950 y 1960 la emigración neta de puertorriqueños fue de 470,000 y 214,000 respectivamente; un total de 640,000 equivalente al 29 porciento de la población de Puerto Rico en el 1960. *Véase* Rubén Berríos Martínez, *Independence for Puerto Rico: The Only Solution* en **Foreign Affairs**, Vol. 55, Núm. 3, abril 1977, bajo el subtítulo "El costo de la operación Manos a la Obra". *Véase además* Oficina del Gobernador, Taller de Empleo, Adiestramiento y Educación, Departamento de Educación y Síntesis, 1974. La emigración ha continuado con alzas y bajas y se calcula que al presente residen en Estados Unidos más o menos la misma cantidad de puertorriqueños que en la Isla, 4 millones incluyendo nacidos en Estados Unidos. Las últimas emigraciones se caracterizan por un alto grado de escolaridad.

pendiente,[142] Estados Unidos tendría entonces que enfrentarse, desde la perspectiva de sus propios intereses, al problema de la ciudadanía americana de los puertorriqueños.

Esa posibilidad ya la anticipó, en tiempos del Proyecto Jones, Elihu Root, ex Secretario de Estado de Theodore Roosevelt, ex Secretario de Guerra, Senador, Premio Nobel de la Paz y reconocido como uno de los idéologos, juristas y políticos más brillantes e influyentes de la historia norteamericana. Su profundo conocimiento de las grandes corrientes y paradigmas que determinan la historia lo llevaron hace casi un siglo —en entrevista con Roberto H. Todd, conocido anexionista— a concluir respecto a la otorgación de la ciudadanía a los puertorriqueños que: *"No les conviene a ustedes porque dentro de tres años vendrían a quejarse de que no son ciudadanos de la misma clase de nosotros. Y a nosotros no nos conviene porque nos traería complicaciones en México, Centroamérica, Cuba, Santo Domingo y en todos los demás países del Mar Caribe.., baste saber que el paso que tomamos con ustedes ha de resonar y debemos evitar complicaciones y disgustos"*. Luego se refirió a Puerto Rico como *"un país de un millón y pico de habitantes de raza, civilización y costumbres distintas a las nuestras"* para finalmente concluir: *"No esperen ustedes nunca ser un estado de la Unión... Puerto Rico no puede sustraerse a la lógica de las cosas y también debe ser una república..."*[143]

---

[142] *Véase* Apéndices 1 y 2.

[143] Sobre Root y Puerto Rico *véase* María Eugenia Estades Font, **La presencia militar de Estados Unidos en Puerto Rico 1898-1918: Intereses estratégicos y dominación colonial**, Ed. Huracán, Río Piedras, 1988. pp 206-207.

En el artículo seminal de la prima edición del **Foreign Affairs** del 1922, Root, luego de señalar que como consecuencia del *"desarrollo de la civilización"*, los pueblos aspiran *"a la libertad del gobierno propio de acuerdo a sus propias ideas"* escribe: *"... no puede haber una tiranía tan despreciable como la del control de los asuntos locales o propios por gobernantes extranjeros que son completamente indeferentes a los conceptos locales de cómo debe ordenarse la vida. La independencia nacional es una defensa organizada contra ese tipo de tiranía. Probablemente la organización de las naciones es una etapa en su desarrollo, pero es lo más cerca que la humanidad ha estado de lograr un*

También, hace casi cien años, un puertorriqueño en representación del Partido Unión advirtió al Congreso que, de Estados Unidos extender la ciudadanía a los puertorriqueños podría enfrentarse en el futuro: *"al muy serio problema de tener que deshacer a 1,500.000 [ahora 4,000,000] ciudadanos que es un problema más serio que el de hacerlos ciudadanos"*.[144]

Jurídicamente, para enfrentar ese problema, existe de un lado la teoría en apariencia sencilla, de que ya que el Congreso de Estados Unidos otorgó colectivamente a los puertorriqueños la ciudadanía a través de legislación, también la podría retirar colectivamente a través de legislación posterior. Esa tesis se fundamenta en que existen dos tipos de ciudadanos americanos: los que son ciudadanos por virtud de la Enmienda 14 de la Constitución norteamericana y los que son ciudadanos por virtud de un estatuto, como por ejemplo los ciudadanos por razón de nacimiento en el extranjero, que por ser hijos de ciudadanos americanos tienen el derecho a reclamar la ciudadanía luego de cumplir ciertas condiciones. La Corte Suprema de Estados Unidos, según hemos señalado, ha determinado en el caso de Afroyin[145] que a los ciudadanos nacidos o naturalizados en Estados Unidos, los llamados ciudadanos de Enmienda 14, no se les puede quitar la ciudadanía sin su consentimiento.[146] Pero también ha determinado en el caso de *Rogers vs. Bellei*[147] que a un ciudadano que ha obtenido la ciudadanía individualmente por virtud de un estatuto (no colectivamente, como fue el caso de los puertorriqueños) se le puede quitar la ciudadanía si no cumple con las

---

grado razonable de libertad junto a un grado razonable de orden". James F. Hoge JR. y Fareed Zakaria, **The American Encounter, The U.S. and the Making of the Modern World**, Ed. Basic Books, 1997. p. 14.

[144] Government for Puerto Rico: Hearings on S.1217, Before the Senate Comm. On Pacific Island and Puerto Rico, 64th Cong., 1st Sess. 55 (1916). (Expresiones de Cayetano Coll Cuchi).

[145] *Supra*, ver discusión en p. 121, *supra*.

[146] *Idem*

[147] 401 U.S. 815 (1971).

condiciones que impone el estatuto.

Por otro lado, el estudio más abarcador publicado sobre esta materia concluye que con toda probabilidad sería inconstitucional quitarle a los puertorriqueños la ciudadanía americana por razón de que se proclame en la isla la república.[148] Concluye, además, que negarle la ciudadanía *ius sanguinis* a personas nacidas en Puerto Rico con posterioridad a la independencia, podría adolecer de serios problemas de constitucionalidad bajo los principios de igual protección de las leyes.[149] También estaría sujeto a graves cuestionamientos constitucionales un mecanismo que forzara exclusivamente a los puertorriqueños a escoger entre la ciudadanía americana y la ciudadanía de la república de Puerto Rico.[150]

De lo que no hay la menor duda es que la decisión que tomaría Estados Unidos respecto a la ciudadanía, si Puerto Rico se convirtiera en una república, no es una de carácter jurídico —y esto es lo esencial— sino político, en donde lo determinante sería el interés nacional de Estados Unidos, al igual que lo fue al momento de extenderla en el 1917 y de no extenderla en el 1900. Por lo tanto, antes de preguntarse qué papel desempeñará la ciudadanía americana en el futuro de las relaciones entre Estados Unidos y Puerto Rico, es necesario considerar cuáles son los intereses de Estados Unidos respecto al futuro de Puerto Rico.

La razón fundamental geopolítica y estratégica que determinó el interés de Estados Unidos sobre Puerto Rico desde el siglo 19, ha sido en gran medida superada por el tiempo. Prueba de ello es el retiro de la Marina de Guerra de Estados Unidos de la

---

[148] José Julián Álvarez, *The Empire Strikes Out, Ruminations on the Citizenship Status of Puerto Rico*, 27-2, p 341, 361-62, **Harv. J. ON Legis**. Summer 1990. Cabe preguntarse, además, ¿Desde el punto de vista político, es posible para Estados Unidos, con 4 millones de puertorriqueños residiendo en esa nación, impedir la entrada a su territorio a ciudadanos de Puerto Rico que con posterioridad a la república deseen mantener su ciudadanía americana?

[149] *Véase* Álvarez, *Idem.* nota núm. 219, p. 359, que se refiere a la opinión a esos efectos del profesor Laurence Tribe.

[150] *Idem.* p. 362.

isla municipio de Vieques[151] luego de una prolongada lucha del pueblo puertorriqueño, y el consecuente desmantelamiento de la base naval de Roosevelt Road en la costa este de Puerto Rico. En el mundo de la Post Guerra Fría, en un mundo de satélites y balística intercontinental, en que el valor militar de Puerto Rico para proteger los accesos al Canal de Panamá ha desaparecido, los factores básicos que impulsaron la ocupación de la isla y la imposición de la ciudadanía, son fundamentalmente cosa del pasado.

Estamos en la época que la ONU ha decretado como la del fin del colonialismo. Puerto Rico es la última gran colonia en el mundo, hecho antes negado y hoy reconocido por el propio ejecutivo de Estados Unidos.[152] La discusión del caso colonial

---

[151] *Véase* Manuel Rodríguez Orellana, *Vieques: The Past, Present and Future of the Puerto Rico-US Colonial Relationship*, **La Raza** L. J., Vol. 13, Núm. 2, 2002. (El artículo fue publicado cuando el gobierno de Estados Unidos aún no había anunciado formalmente su retiro de Vieques y de la Base de Roosevelt Roads).

[152] En el año 2000 los presidentes de los tres partidos políticos de Puerto Rico fueron invitados a la Casa Blanca para discutir el tema de status de la Isla. Allí, el 28 de junio del 2000, el presidente del PIP le propuso al presidente de Estados Unidos, William J. Clinton, la creación de un Comité Especial de Casa Blanca (un *Task Force*) para hacer recomendaciones respecto al status de Puerto Rico. Poco tiempo después, aceptando la recomendación, el presidente Clinton anuncia la creación del Comité Interagencial (*Task Force*) de Casa Blanca sobre el Status de Puerto Rico, el cual luego fue continuado por el presidente George Bush. El informe de la Cámara de Representantes de Estados Unidos, sobre el proyecto del *Puerto Rico Democracy Act* de 2007, lee: *"At the summit, P12 President Berrios proposed that a Presidential task force be formed to continue efforts on the issue into the succeding administration and that the Presidential candidates be asked to continue the effort. The presidential candidates pledged to do so. The President subsequently established the Task Force"*. U.S. House of Representatives, Puerto Rico Democracy Act of 2007, Report together with Additional View to accompany H.R. 900110-597, 110th Congress, 2d Session, p. 10 (April 22, 2008).

En el 2005 dicho Comité rindió su primer informe, seguido por otro en 2007 que reafirma las conclusiones del primero.

Report by the President's Task Force on Puerto Rico's Status, December 2005 y December 2007. Cito lo pertinente del original en inglés: *"The U.S.*

Constitution allows for three options for the future status of Puerto Rico: continuing territorial status (including the current Commonwealth system), statehood, and independence. The existing form of government in Puerto Rico is often described as a "Commonwealth," and this term recognizes the powers of self-government that Congress has allowed... However that term may be used, Puerto Rico is, for purposes under the U.S. Constitution, "a territory," as President George H.W. Bush recognized in his 1992 memorandum concerning Puerto Rico... It is, therefore, subject to congressional authority, under the Constitution's Territory Clause, "to dispose of and make all needful Rules and Regulations respecting the Territory... belonging to the United States." ...Congress may continue the current system indefinitely, but it also may revise or revoke it at any time.

For example, Congress could legislate directly on local matters or determine the island's governmental structure by statute, as it has for Guam and the U.S. Virgin Islands. Congress likewise could allow the island increased powers of selfgovernment, subject to limitations imposed by the Constitution. (p. 5).

The Federal Government may relinquish United States sovereignty by granting independence or ceding the territory to another nation; or it may, as the Constitution provides, admit a territory as a State, thus making the Territory Clause inapplicable. (p. 6)

Public Law 600 gave Puerto Rico the right to establish a government and a constitution for the internal administration of Puerto Rico "on matters of purely local concern." (p. 3)

When "Commonwealth" is used to describe the substantial political autonomy enjoyed by Puerto Rico, the term appropriately captures Puerto Rico's special relationship with the United States. The commonwealth system does not, however, describe a legal status different from Puerto Rico's constitutional status as a "territory" subject to Congress's plenary authority under the Territory Clause "to dispose of and make all needful Rules and Regulations respecting the Territory ... belonging to the United States." Congress may continue the current commonwealth system indefinitely, but it necessarily retains the constitutional authority to revise or revoke the powers of self-government currently exercised by the government of Puerto Rico... as long as Puerto Rico remains a territory, its system is subject to revision by Congress. (pp. 5-6)

The official request [in 1953, at the United Nations] did not state that Congress could make no changes in Puerto Rico's status without its consent. It is true that, prior to the submission of this official request, the U.S. representative to the U.N. General Assembly indicated orally that common consent would be needed to make changes in the relationship between Puerto Rico and the United States. Notwithstanding this statement, however, the Department of Justice concluded in 1959 that Puerto Rico remained a territory, and as

de Puerto Rico está en el umbral de la Asamblea General de la
ONU y el status colonial de la isla constituye una vergüenza
internacional para Estados Unidos. La América Latina ha dado
muestras de su creciente independencia y se ha unido fuera de
líneas ideológicas para repudiar el colonialismo y apoyar la independencia de Puerto Rico.[153] La identidad puertorriqueña ha
dado testimonio de su fortaleza durante más de un siglo de perseverancia, y los puertorriqueños sin distinciones ideológicas
reclaman el carácter no negociable de su identidad.

¿Cuáles serían entonces, ante esas nuevas circunstancias, las
razones de Estados Unidos para mantener a Puerto Rico en su
actual desacreditado status colonial, sumido en el estancamiento
económico y social, rechazado por la mayoría de los puertorriqueños[154] y que día a día multiplica la posibilidad de produ-
cir una mayoría pro estadidad en la Isla. Y, en última instancia
(independientemente de que la estadidad, como alegan los in-

---

*noted above, the Supreme Court, while recognizing that Puerto Rico exercises
substantial political autonomy under the current commonwealth system, has
held that Puerto Rico remains fully subject to congressional authority under
the Territory Clause. See Harris, 446 U.S. at 651-52."* (p. 6)

[153] *Véase* Apéndice 3.

[154] La merma en el apoyo al status colonial del ELA ha sido constante durante
el último medio siglo, aún si tomamos como punto de referencia los plebiscitos
o referéndums que se han celebrado desde la concepción del ELA. En el
referéndum del 1951 —para la aceptación o rechazo de la Ley Pub. 600 que
dio base al ELA— el 76.5% de los electores votó a favor. La Estadidad y la
Independencia no fueron incluidos como alternativas. En el plebiscito del
1967, boicoteado por las organizaciones independentistas, el apoyo al ELA
descendió a 60.4% y la Estadidad obtuvo el 39%. En el plebiscito del 1993
el apoyo al ELA descendió aún más, al 48.6%, mientras la Estadidad subió al
46.3% y la Independencia obtuvo 4.4%.

En el plebiscito del 1998 se incluyeron como alternativas la Estadidad,
la Independencia, la Libre Asociación, el ELA actual bajo la soberanía del
Congreso y Ninguna de las Anteriores (por mandato del Tribunal Supremo
de Puerto Rico). Ninguna de las Anteriores obtuvo el 50.3%, pero es evidente
que bajo dicha alternativa votaron innumerables puertorriqueños que rechazan
el actual ELA territorial, además de los que lo aceptan.

dependentistas, sea "colonialismo con otra máscara"), ¿cuáles serían las razones para convertir a Puerto Rico en un estado?[155] ¿Obedecer, si ese fuese el caso, la voluntad de los puertorriqueños? ¿Desde cuándo la voluntad de las colonias determina las decisiones de los imperios, particularmente cuando esa voluntad no está dirigida a combatir al imperio, sino a abrazarlo más íntimamente?

¿Por qué Estados Unidos habría de aceptar como estado a un territorio que por su nivel de ingreso[156] sería el que menos contribuiría al Tesoro Federal y el que más recibiría del mismo?, ¿Por qué Estados Unidos habría de concederle la estadidad a

---

[155] Este escrito se limita a analizar la estadidad desde el punto de vista del interés nacional de Estados Unidos. En varios artículos he analizado esa alternativa como contraria a los intereses de Puerto Rico. Desde una perspectiva económica, la limitada autonomía fiscal de Puerto Rico —que exime de pago de casi toda contribución federal— desaparecería con la estadidad. La uniformidad que la Constitución de Estados Unidos exige no permitiría el tipo de incentivos económicos necesarios para atraer inversiones extranjeras. Así pues, Puerto Rico se convertiría en una región permanentemente subdesarrollada de Estados Unidos, de donde los de mayor escolaridad emigrarían, mientras el resto de la población sobreviviría gracias a las siempre crecientes dosis de beneficencia federal aseguradas por la delegación congresional puertorriqueña. Las fuerzas de mercado son inexorables, como lo demuestran los casos de la Apalachia, el sur del Bronx y otras áreas crónicamente subdesarrolladas en Estados Unidos. Puerto Rico sería un estado mendigo, un estado ghetto. La estadidad para Puerto Rico podría ser una solución jurídica a la ausencia de representación con derecho a voto en el Congreso de Estados Unidos. Sin embargo, el problema básico de Puerto Rico es la dependencia y la subordinación, no solamente legal y política, sino también económica, cultural, social y sicológica, inherente al colonialismo. La estadidad sería para Puerto Rico simplemente otra forma de dependencia y subordinación —colonialismo con otra máscara— que agudizaría aún más la dependencia. *Véase* Rubén Berrios Martínez, *Puerto Rico's Decolonization*, **Foreign Affairs**, Vol. 76, Núm. 6, Nov-Dic/1997, p. 100. *Véase también* Rubén Berrios Martínez, *Independence for Puerto Rico: The Only Solution*, Vol. 55, Núm. 3, abril 1977, pp. 551-638.

[156] El Ingreso Personal disponible en Puerto Rico en el 2009 fue de $14,164, (Apéndice Estadístico, Junta de Planificación de Puerto Rico, tabla 1); mientras en Estados Unidos en el 2009 fue de $35,659 (Bureau of Economic Research, U.S. Department of Commerce).

un territorio que por razón de su población tendría una cantidad igual o mayor de votos en el colegio electoral que 27 estados de la Unión Americana?

¿No contribuiría acaso la anexión de un estado caribeño e hispanohablante a elevar a otra dimensión los problemas de las minorías *hispanas* de Estados Unidos, en un momento en que el imparable flujo de inmigrantes provenientes de la América Latina ha llevado a levantar un muro en la frontera con México y en el que se hace urgente para Estados Unidos la paulatina incorporación de esas minorías a la cultura americana?

Las consecuencias potencialmente explosivas de la estadidad de Puerto Rico para Estados Unidos son múltiples. En ese país, como hemos señalado, ya existen condiciones peligrosas de tensión, principalmente en aquellos estados donde hay una masiva concentración de mexicanos (ciudadanos de extracción mexicana, ciudadanos duales, y residentes documentados e indocumentados). Particularmente en un país donde subyacen poderosas tendencias históricas de mayor descentralización respecto al poder federal, un Puerto Rico estado agudizaría con su poder político la polarización política, económica y social ya existente pues podría ser un factor aglutinante, precipitante y multiplicador de los reclamos de los mexicanos y de otras minorías hispanas residentes en Estados Unidos.

El espectro de la secesión no ronda el mundo norteamericano desde la Guerra Civil pero ¿quién puede responder por el futuro a la luz de los problemas que padecen estados plurinacionales como España, Canadá y Gran Bretaña y que pusieron fin a la Unión Soviética y a Yugoslavia? Las mayorías van y vienen pero las nacionalidades (particularmente cuando se trata de Puerto Rico, un país latinoamericano y caribeño, de nacionalidad homogénea y densamente poblado) se perpetúan y el derecho a la libre determinación de los pueblos no prescribe.

En caso de crisis futura, ¿con quién estaría la lealtad de Puerto Rico? ¿No sería Puerto Rico un factor disgregante en el cuerpo político de Estados Unidos? Para Estados Unidos, Puerto Rico estado podría ser un chispazo de fuego en un polvorín.

Por último, ¿quiere Estados Unidos agriar sus futuras relaciones con la América Latina mediante la integración política de un pueblo latinoamericano como Puerto Rico?

Para Estados Unidos no existe una sola razón de peso para convertir en estado a un pueblo, a una nación como Puerto Rico, que es parte integral de América Latina, mientras existen poderosas razones para no hacerlo.

VI. CONCLUSIÓN

El interés nacional de Estados Unidos demanda atender el problema de status de Puerto Rico poniéndole fin a la colonia que es el puente que conduce inexorablemente a una petición de estadidad según lo comprueba la historia del último medio siglo.

El colonialismo ha prevalecido hasta el presente porque esa ha sido la voluntad de los Estados Unidos al considerar inaceptables tanto la independencia como la estadidad. Ha prevalecido por eliminación.

Ha persistido en virtud de la intimidación, el discrimen y la represión ejercidos por Estados Unidos mientras la pretensión de convertir a Puerto Rico en un estado ha crecido artificialmente a causa de la dependencia extrema y de la exclusión y rechazo oficial de la independencia. Es la dialéctica imperial.

Ya desaparecidas las particulares condiciones de la post guerra y la Guerra Fría que le daban vida a la colonia y ante la inviabilidad de la estadidad, los procesos seguirán el curso natural del que fueron desviados por la política colonial norteamericana. Es la dialéctica de la liberación. Se acerca la descolonización y la independencia. Reitero las palabras de Root: *"no esperen ustedes nunca ser un estado de la Unión... Puerto Rico no puede sustraerse a la lógica de las cosas y también debe ser una República..."*.

Tendrá entonces ese país que enfrentar el problema de la ciudadanía que ha sido el símbolo de su afán de dominio colonial sobre Puerto Rico y que se ha convertido en el punto de encuentro y bandera de la pretensión anexionista de muchos puertorriqueños.

Para atender el problema que supondría para Estados Unidos la ciudadanía americana de los puertorriqueños luego del establecimiento de la República de Puerto Rico, las alternativas reales a su disposición serían: la nacionalidad dual, la nacionalidad recíproca,[157] o un tratado de libre tránsito tradicional.[158] Estados Unidos tampoco *"puede sustraerse a la lógica de las cosas"*. Para los independentistas nuestro inalterable objetivo es la ciudadanía puertorriqueña en un Puerto Rico independiente.[159]

---

[157] *Véase* pág. 110, *supra*.

[158] Existen múltiples acuerdos de esta naturaleza. La extensión y amplitud de los mismos depende de los intereses mutuos de los países envueltos. Entre naciones independientes el más conocido es el Tratado de la Unión Europea. *Véase* Richard Corbett, , **The Treaty of Maastricht, From Conception to Ratification: A Comprehensive Reference Guide** (1993). El Tratado reconoce el derecho a movimiento y residencia en Tit. II, art. G (C), art. 8 (A). *Véase también* Carlos Closa, *Citizenship of the Union and Nationality of Member States*, en **Legal Issues of the Maastricht Treaty** (Daniel O'Keeffe & Patrick M. Twomey Eds. 1994). Otro ejemplo podría ser un tratado que le garantice a los puertorriqueños entrar y salir y ejercer otros derechos en Estados Unidos sin que para ello se requiera conservar la ciudadanía americana. Respecto a los ex territorios en fideicomiso de Estados Unidos, *ver* Apéndice 1. Debe señalarse, además, que en Estados Unidos son muy pocos los derechos de los que no pueden disfrutar los residentes legales en comparación con los ciudadanos, con la excepción de los pagos de bienestar y el derecho al voto. *Véase* Hampton v. Mow Sung Wong 426 U.S. 88 (1976); *In Re* Griffiths, 413 U.S. 717 (1973).

[159] Desde la fundación del PIP en octubre del 1946, mucho se ha escrito sobre el proceso de transición a la independencia. Pero no fue hasta el 1991, por primera vez en la historia de la relación entre Estados Unidos y Puerto Rico, que un proyecto de ley federal con una definición positiva de la independencia (en contraste con una definición punitiva como la del Proyecto Tydings de la década del '30) obtuvo la aprobación de los más importantes comités senatoriales con jurisdicción en la materia, el P.S. 244 del 23 de enero del 1991 (Congreso 102, Primera Sesión) (originalmente S. 712 del Congreso 101, según enmendado). El proyecto incluía disposiciones de transición relativas a programas federales, Seguro Social, relaciones comerciales, moneda y finanzas, entre otras.

El Proyecto de ley S.712, aprobado por el Comité de Energía y Recursos

Ese momento llegará sólo cuando Estados Unidos se vea forzado a enfrentar el problema de status de Puerto Rico. Una nación tan heterogénea y compleja como Estados Unidos enfrenta sus grandes problemas de política pública cuando estos hacen crisis. No los enfrenta a menos que tenga que hacerlo. En la medida en que Puerto Rico no es percibido como un problema crítico para Estados Unidos, triunfa el inmovilismo.

El proceso específico que llevará a Estados Unidos a enfrentar el problema es difícil de anticipar. Podría ser consecuencia de una compleja serie de eventos o factores, en ocasiones complementarios y en otras contradictorios. En Puerto Rico diversos escenarios o combinación de ellos podrían anticiparse: los que surgirían de una petición de estadidad; de una petición por una

---

Naturales, comité de jurisdicción original en el Senado, y, en sus aspectos económicos, por el Comité de Finanzas durante el Congreso 101, fue el primero en la historia de la relación entre Estados Unidos y Puerto Rico en contener una definición detallada de independencia y del proceso de transición. Sin embargo, el proyecto no llegó a ser votado por el pleno del Senado durante el Congreso 101 que finalizó en octubre de 1990. Como resultado, al iniciarse el Congreso 102, el 23 de enero de 1991 se sometió nueva legislación, el Proyecto S. 244. El S. 244 recogía las disposiciones del proyecto S. 712 aprobado por el Comité de Energía y Recursos Naturales del Senado en el anterior Congreso, así como las enmiendas al mismo que aprobó el Comité de Finanzas y otras enmiendas menores. No obstante, en febrero de 1991, tras extensos debates en el Comité de Energía y Recursos Naturales del Senado y de inútiles esfuerzos por aclarar que el proyecto no constituía compromiso de tipo alguno con respecto a la estadidad, el S. 244 fue rechazado mediante una votación de empate (10-10) por los miembros del Comité. También se aprobó por el pleno de la Cámara la H.R. 4765, Congreso 101, Segunda Sesión del 10 de octubre del 1990 que disponía en la Sección 4-a para un proceso de transición.

Aunque muchos de los elementos contenidos en dichos proyectos han sido rebasados por los acontecimientos de los últimos 17 años, tanto en Puerto Rico como en Estados Unidos e internacionalmente, las propuestas norteamericanas contenidas en los mismos demuestran, fuera de toda duda, cuán factible es lograr un acuerdo de transición a la altura del siglo 21. El interés mutuo es la mejor garantía para un acuerdo de transición hacia la república.

Para una discusión detallada del periodo de consulta y negociación que duró del 1989 al 1991 y que dio margen a los referidos proyectos por parte del Congreso de los Estados Unidos, *véase* Rubén Berríos Martínez, **Nacionalidad y plebiscito**, Ed. Libertad, Puerto Nuevo, Puerto Rico, 1992.

modificación del ELA incompatible con la Constitución o los intereses nacionales de Estados Unidos; de un aumento importante del voto por la independencia; de la desobediencia civil masiva; de la agitación y militancia política; de una Asamblea Constitucional de Status sobre la base de la verdadera soberanía entre alternativas reconocidas por el derecho Internacional; de un referendum que tuviera como resultado un reclamo de solución a Estados Unidos, entre otros.[160]

A lo anterior hay que añadir como factores básicos la presión internacional, particularmente de América Latina y la presión interna en el propio Estados Unidos.

Lo que ha sido y seguirá siendo fundamental en nuestro desarrollo histórico y en el proceso de enfrentar a los Estados Unidos con el problema de status es la persistencia de un movimiento independentista claramente definido, organizado y coherente, con identidad institucional y reconocida representatividad, que no renunciará bajo circunstancia alguna a la lucha por hacer valer nuestro derecho inalienable a la libre determinación e independencia. La pérdida de la identidad política sería la antesala de la

---

[160] Un ejemplo del tipo de iniciativa proveniente de Puerto Rico que podría sentar la bases para forzar a Estados Unidos a enfrentar el problema de status fue el frustrado Proyecto Sustitutivo P. de S. 221, 333, 362, 366, del 30 de marzo del 2005.

El proyecto proveía para la celebración de un referéndum en que el pueblo de Puerto Rico se expresaría *"para exigir del Presidente y del Congreso de Estados Unidos que antes del 31 de diciembre de 2006, expresen su compromiso de respaldar el reclamo del pueblo de Puerto Rico para resolver el problema de status político entre alternativas plenamente democráticas de naturaleza no colonial ni territorial"*. Disponía la ley, además, en su art. 2: *"Pasados los noventa (90) días después del cumplimiento de la fecha límite y el Congreso no reacciona o si reacciona declinando antes de la fecha límite, esta Asamblea Legislativa se compromete a legislar para que el Pueblo de Puerto Rico escoja el mecanismo procesal, incluyendo, entre otras cosas, una Asamblea Constitucional de Status o una solicitud de Plebiscito con Aval Federal, que habrá de utilizar para proponer al Gobierno de los Estados Unidos aquellas de dichas alternativas de status por la que decida mayoritariamente optar"*.

Dicha iniciativa promovida por el Partido Independentista Puertorriqueño fue aprobada por unanimidad en el Senado y la Cámara de Representantes y luego vetada por el Gobernador.

desmovilización de los independentistas al éstos no estar representados ni ser protagonistas de nuestra historia. Se agudizaría la vulnerabilidad de ese independentismo disgregado y atomizado frente a las fuerzas colonialistas y asimilistas, y se perdería la capacidad de convocatoria y el poder para incidir sobre nuestra realidad política en todas sus dimensiones, incluyendo la electoral. Tal desarticulación nos dejaría sin interlocutores efectivos frente a la comunidad internacional, y desaparecería en la opinión pública norteamericana la conciencia de la existencia de un independentismo vivo y combatiente. No hay independencia que se haya logrado sin un independentismo organizado.

Sin ese independentismo, el centro de gravedad político en Puerto Rico ya se habría desplazado totalmente hacia el polo de la anexión y la discusión giraría exclusivamente en torno a cómo integrarnos a Estados Unidos. Por el contrario, hoy, el eje, el gran tema de fondo del debate político en nuestra patria es el de la nacionalidad puertorriqueña y su futura relación con Estados Unidos ya que prácticamente todos —estadistas, estadolibristas e independentistas— afirmamos el carácter no negociable de nuestra identidad de pueblo bajo cualquier status.

Por los caminos modernos de la convivencia entre naciones independientes y no por el de convertir a Estados Unidos en un estado multinacional, transitará esa nación en su futura relación con la nación puertorriqueña.

Vieques demostró de una vez y por todas que la meta política que en un momento parece inalcanzable puede transformarse en realidad, casi de la noche a la mañana. Nuestra es la obligación de crear las condiciones para forzar a Estados Unidos a enfrentar el problema. Ese es el camino de la descolonización y la independencia. Pero como sentenció Martí: *"mientras todo no esté hecho nadie tiene derecho a descansar"*.

IV

Apéndices

Apéndice 1

Sobre la Libre Asociación

Desde el punto de vista estrictamente jurídico la libre asociación ha sido reconocida como una alternativa de status para un pueblo que no *"ha alcanzado la plenitud del gobierno propio"*. Así lo dispone la Resolución 1541 (XV) de la Asamblea General del 1960, que se refiere específicamente según su propio título a los **Principios que deben servir de guía a los Estados Miembros para determinar si existe o no la obligación de transmitir la información que se pide en el inciso e del Artículo 73 de la carta de Las Naciones Unidas**. A su vez la Corte Internacional de Justicia ha determinado en el caso de Namibia (1971 CIJ 16) y en el de Sahara Occidental (175 C.I.J. 12) que *"La Resolución 1514 (XV) de la Asamblea General del 1960* **(Declaración sobre la Concesión de la Independencia a los Países y Pueblos Coloniales**, que se extiende a todos los pueblos que no han logrado aún su independencia) *ha provisto el fundamento para el proceso de descolonización... [y] está complementada en ciertos aspectos por la Resolución 1541 (XV)"*. (Véase también Apéndice 2 en la página 175).

En la práctica, sin embargo, en el caso de Puerto Rico la Libre Asociación sólo serviría para prolongar innecesariamente la subordinación a los Estados Unidos mediante la delegación de facultades de gobierno propio al gobierno de ese país. Como veremos, las circunstancias políticas y materiales en que se ha implantado esta versión mutilada de la soberanía nacional no están presentes en nuestro país, y por lo tanto, dicha alternativa constituiría una abdicación gratuita e inexplicable de nuestro derecho inalienable a la plenitud de los poderes de una nación libre y soberana. Por eso el PIP rechaza la libre asociación e insiste en la independencia; la única alternativa que, en nuestro caso resulta descolonizadora tanto en la práctica como en la teoría.

Estados Unidos ha entrado en acuerdos de libre asociación con los Estados Federados de Micronesia y la República de las Islas Marshall desde 1986, y con la República de Palau en 1994. Estos territorios estaban sometidos al control de Estados Unidos bajo los términos del Fideicomiso de Territorios del Pacífico constituido por la ONU en 1947 y habían pertenecido al Japón hasta la conclusión de la Segunda Guerra Mundial. Su población, según los más recientes censos, asciende a 117 mil en los Estados Federados, 56 mil en las Islas Marshall y 19 mil en Palau. (*Véase* Manuel Rodríguez Orellana, *In Contemplation of Micronesia: The Prospect for the Descolonization of Puerto Rico Under International Law*, 18 **U. of Miami Inter-Am. L. Rev.** 457, 1987.)

A cambio de retener un absoluto control de todo lo relacionado con defensa y seguridad, incluyendo importantes bases militares, Estados Unidos provee asistencia económica y programática a estos gobiernos, aunque sujeta a un estricto y abarcador control financiero y administrativo. Los nacionales de estos estados –quienes nunca habían sido ciudadanos de Estados Unidos– adquirieron bajo los *Compacts of Free Association* el derecho a entrar libremente a Estados Unidos conservando la condición de extranjeros residentes y sujetos a ciertos requisitos de la Ley de Inmigración de Estados Unidos. Los acuerdos entre Estados Unidos y estos estados "soberanos" (los tres son miembros de Naciones Unidas) no tienen término fijo de duración y los de los Estados Federados y las Islas Marshall ya fueron objeto de renegociación en 2003. Pueden ser terminados por acuerdo mutuo o unilateralmente. *Véase* Public Law 108-1 88, de 2003 y 99-658 de 1986.

Nueva Zelanda tiene acuerdos de libre asociación con las Islas Cook (población: 65 mil) y desde 1965 con Niue (población:

mil cuatrocientos) desde 1974. *Véase* **CIA World Factbook**, disponible en *https://www.cia.gov* (última visita, 25 de marzo de 2010).

Contrario a las estructuras de integración federativas o supranacionales en que los componentes delegan ciertas atribuciones y competencias a una entidad central en la que cada componente tiene, a su vez, algún grado proporcional de participación decisoria, en el modelo de libre asociación el ejercicio de los poderes delegados por parte del socio "menor" se lleva a cabo de manera virtualmente unilateral por parte del socio "mayor" en la relación de asociación. Para que no resulte obliterado el principio de la soberanía se requiere que el socio "menor" tenga la facultad para poder revocar la delegación de competencias. La realidad, sin embargo, es que la absoluta dependencia financiera y gubernamental en el socio "mayor" por parte del socio menor convierte a este último en un ente sometido y subordinado.

La experiencia histórica, por lo tanto, es que el modelo de libre asociación ha sido una opción para lograr la descolonización jurídica solo en casos en que las circunstancias de exigua población y dependencia extrema del territorio colonial no hacían posible la creación de un aparato estatal y un sistema económico autosostenido que pudiera ejercer efectivamente todos los atributos de soberanía que componen la independencia nacional. Es por ello que es típico del modelo de libre asociación que la antigua metrópolis no solo controla lo relativo a "seguridad y defensa" sino que administra programas de salud pública, aviación civil, correos, asuntos ambientales, entre otros. Difícilmente podría ser de otra forma en Niue, por ejemplo, con sus 1,400 habitantes, y aún en el más poblado de los territorios en libre asociación con Estados Unidos, los Estados Federados de Micronesia, con sus cerca de 120,000 habitantes. Se trata de retazos coloniales que jamás podían ser integrados a la metrópoli pero que no contaban con la escala y el desarrollo necesario para ser plenamente responsables por todos sus asuntos nacionales como lo requeriría el modelo descolonizador de la independencia.

Sorprende pues que en Puerto Rico, con cuatro millones de

habitantes y una economía mayor y más sofisticada que la de muchísimos países independientes, y con una larga tradición de modernidad y tecnificación en sus estructuras gubernamentales, haya quien pueda ver en el modelo de la libre asociación una alternativa de descolonización para nuestro país. Después de todo, ¿cuáles serían las competencias gubernamentales que alguien podría querer delegarle a Estados Unidos bajo dicho régimen? ¿Y con qué posible justificación?

Dicho de otra manera, ¿puede alguien dudar que Palau, Micronesia, Islas Marshall, Islas Cook o Niue no se hubiesen resignado a ser libremente asociados en vez de independientes si hubiesen tenido cuatro millones de habitantes?

Proponer el modelo de libre asociación para Puerto Rico, por lo tanto, también equivale a reafirmar el mito colonial de que Puerto Rico no tiene la capacidad de poder ser un país plenamente independiente, abonando así a la ofuscación y a los prejuicios existentes. Lo único positivo de una discusión sobre la libre asociación, entre los que hasta ahora han sido estadolibristas, es que ello podría servir a algunos de punto de partida para una ruptura con el colonialismo.

Apéndice 2

Sobre el colonialismo
por consentimiento

En el contexto del Derecho Internacional sobre descolonización, mención aparte merece la más reciente postura sobre status del PPD, adoptada por su Junta de Gobierno el 18 de enero del 2010. En esencia es similar a las múltiples posiciones de ese partido sobre la materia a través de las últimas décadas. Para justificar el status colonial del ELA y un supuesto "pacto de futuro" ahora alegan que:

> *"La Resolución 2625 de la ONU, establece y reconoce cuatro alternativas válidas para las relaciones entre los pueblos, a saber; la anexión de un país a otro, la independencia, la libre asociación entre dos pueblos o cualquier otra condición política libremente decidida por ambos pueblos en común acuerdo siendo esta última la que el PPD reclama para el desarrollo futuro del ELA".*

Esa posición constituye un fraudulento desvarío jurídico desde la perspectiva del Derecho Internacional. Se trata de una nueva versión de la vieja teoría del *colonialismo por consentimiento*.

La norma de Derecho Internacional vigente sobre descolonización se recoge en la Resolución 1514 (XV) del 14 de diciembre de 1960 titulada **Declaración sobre la Concesión de la Independencia a los Países y Pueblos Coloniales**. En sus partes pertinentes dicha Resolución, mejor conocida como la Carta Magna de la Descolonización,

> *"Proclama solemnemente la necesidad de poner fin rápida e incondicionalmente en todas sus formas y manifestaciones:*
> *Y a dicho efecto:*
> *Declara que: …*
> *En los territorios en fideicomiso y no autónomos y en todos los demás territorios que no han logrado aún su independencia deberán tomarse inmediatamente medidas para traspasar todos los poderes a los pueblos de esos territorios sin condiciones ni reservas…"*

La Resolución 1541 (XV), que complementa en algunos aspectos la Resolución 1514 (XV), establece taxativamente sólo tres alternativas bajo las cuales

> *"Puede considerarse que un territorio no autónomo ha alcanzado la plenitud del gobierno propio: a) cuando pasa a ser un estado independiente y soberano; b) cuando establece una libre asociación con un estado independiente; o c) cuando se integra a un Estado independiente".*

Hasta la aprobación de la Resolución 1514 (XV) sólo existían en el ámbito de la ONU dos categorías de territorios: los no autónomos y los territorios en fideicomiso. La Resolución 1514 adiciona una tercera categoría: *"todos los demás territorios que no han logrado aún su independencia"*. Dicha inclusión se logró a instancias de los representantes del independentismo puertorriqueño. Puerto Rico quedaba así específicamente incluido en el ámbito de la Resolución 1514 (XV). Dicho de otra forma, ya no se podría alegar como excusa para excluir a Puerto Rico de la jurisdicción de la ONU que los Estados Unidos mediante de la resolución 748 (VIII) del 1953 había sido relevado de su responsabilidad de rendir informes bajo el Capítulo XI artículo 73 (e) de la Carta que se refiere a territorios no autónomos que aún no han logrado la plenitud del gobierno propio. (*Véase* Rubén Berríos Martínez, *Self Determination and Independence: The Case of Puerto Rico*, From the Proceedings-1973- **The American Society of International Law**, pág. 11 et. seq.). En el 1972 el Comité de Descolonización de la ONU que fue creado en el 1961 para implantar la Resolución 1514 (XV) por la Asamblea General, mediante la Resolución 1614 (XVI), asumió jurisdicción sobre el caso colonial de Puerto Rico. Desde entonces el Comité de Descolonización ha aprobado múltiples resoluciones referentes específicamente al caso colonial de Puerto Rico, las cuales han sido refrendadas por la Asamblea General de la ONU.

Por el contrario, la Resolución 2625 (XXV) (**Declaración sobre los principios de derecho internacional referentes a las relaciones de amistad y a la cooperación entre los estados de conformidad con la Carta de las Naciones Unidas**), a la que alude el PPD, no es una resolución relativa a la descolonización, sino una de carácter general sobre principios de Derecho Internacional. Dicha resolución, como evidencia su título, trata de relaciones entre estados y se refiere a múltiples asuntos, por ejemplo al uso de la fuerza, la resolución pacífica de las disputas, la no intervención, la libre determinación, y la igualdad soberana de los estados, entre otros. Respecto a la libre determinación, dicha Resolución afirma que su propósito es *"poner fin rápidamente al colonialismo"*, pero lo fundamental y lo que esconden los líderes del PPD es que la propia Resolución 2625 (XXV) específicamente estipula en su preámbulo que la misma debe ser interpretada,

> *"Considerando las disposiciones de la Carta en su conjunto y teniendo en cuenta la función de las resoluciones pertinentes aprobadas por los órganos competentes de las Naciones Unidas en relación con el contenido de los principios."*

Esto significa que dicha Resolución tiene que ser invocada e interpretada en el marco de y no puede contravenir lo estipulado en la Resolución 1514 (XV) que constituye el fundamento de la libre determinación complementada en ciertos aspectos por la Resolución 1541 (XV). Por supuesto, una vez un pueblo se descoloniza en concordancia con la Resolución 1514 (XV), puede libremente optar, en el ejercicio de su soberanía, no sólo por cualquiera de las alternativas mencionadas en la Resolución 1541 (XV), sino también por *"cualquier otra relación política"* con cualquier país soberano, como es el caso de pueblos en situaciones no coloniales en Europa y otros continentes.

Si la interpretación del PPD fuera válida, llevaría al absurdo de concluir que los puertorriqueños pudieran acordar con Estados Unidos volver al régimen de la Ley Foraker y que dicho acuerdo sería conforme al Derecho Internacional. Sería abolir de un plumazo el Derecho Internacional sobre descolonización. El Derecho Internacional no admite el colonialismo por consentimiento. La prohibición se hizo para obligar a los imperios y a los colonialistas satisfechos, como los líderes del PPD.

La Corte Internacional de Justicia ya se ha expresado con claridad sobre estas materias con posterioridad al 1970, año de aprobación de la Resolución 2625. En el caso de Sahara Occidental (1975 C.I.J. 12), dice la Corte:

> *"El principio de la libre determinación como un derecho de los pueblos y su aplicación con el propósito de poner fin rápidamente al colonialismo fue enunciado en la Declaración sobre la Concesión de la Independencia a los Países y Pueblos Coloniales, Resolución de la Asamblea General 1514 (XV).*

Luego, hablando sobre el desarrollo del Derecho Internacional en el área de la descolonización, la Corte cita de su decisión en el caso de Namibia (1971 C.I.J. 16):

> *"Una etapa importante en ese desarrollo fue la Declaración sobre la Concesión de Independencia a los Países y Pueblos Coloniales (Resolución de la Asamblea General 1514 (XV) de diciembre 14 del 1960) que se extiende a todos los pueblos y territorios que*

'no han logrado aún su independencia'"...

"La Resolución 1514 (XV) de la Asamblea General ha provisto el fundamento para el proceso de descolonización que ha resultado desde el 1960 en la creación de nuevos estados que hoy son miembros de las Naciones Unidas. Esta Resolución está complementada en ciertos aspectos por la Resolución de la Asamblea General 1541 (XV)"... Esta Resolución contempla más de una posibilidad para los territorios que no gozan de la plenitud del gobierno propio, a saber: a) cuando pasa a ser un estado independiente y soberano; b) cuando establece una libre asociación con un estado independiente; c) cuando se integra a un estado independiente".

En ambos casos –reitero-, decididos con posterioridad a la aprobación de la Resolución 2625 (XXV) de 1970, la Corte estableció con claridad los parámetros jurídicos a ser aplicados respecto a la libre determinación que son exclusivamente los contenidos en la Resolución 1514 (XV) y complementariamente la Resolución 1541 (XV). La libre determinación se ha convertido en una norma perentoria de Derecho Internacional reconocida ampliamente como parte del **Jus Cogens**, una norma que no admite derogación ni está sujeta a negociación.

En síntesis, el Derecho Internacional y las decisiones de la Corte Internacional de Justicia confirman lo absurdo de la pretensión del liderato del PPD: revocar, nada más y nada menos, la Carta Magna de la Descolonización y convertir la enfermedad del colonialismo en la cura del mal. Pretenden usar el concepto de libre determinación para legitimar el colonialismo. Atrincherados en las cavernas del colonialismo, en su desvarío enfrentan, además, un obstáculo infranqueable: la reiterada negativa del Congreso de Estados Unidos de aceptar los artilugios de status del liderato del PPD por ser incompatibles con el sistema constitucional de ese país.

Apéndice 3

Sobre el apoyo de América Latina y el Caribe a la Independencia de Puerto Rico

El apoyo de América Latina se remonta a tiempos de Bolívar, pasando por José Martí, hasta llegar a nuestros días. En el siglo 20 Pedro Albizu Campos, en tiempos muy adversos, y siguiendo los pasos de José de Diego y de sus precursores Ramón Emeterio Betances y Eugenio María de Hostos, llevó a cabo su peregrinación por América Latina del 1927 al 1930. En el 1949 don Gilberto Concepción de Gracia compareció en La Habana, Cuba, ante la *Comisión de Territorios Dependientes del Consejo de la Organización de Estados Americanos* con el propósito de latinoamericanizar el apoyo a la independencia de Puerto Rico. En la década del '60, luego del triunfo de la Revolución Cubana, comenzó a extenderse el apoyo latinoamericano. El licenciado Juan Mari Bras, líder del MPI, doña Laura Meneses viuda de Albizu Campos, y don Juan Juarbe Juarbe, del Partido Nacionalista, los últimos dos como representantes de Cuba ante la ONU, jugaron un papel clave en la intensificación del compromiso de Cuba con la independencia de Puerto Rico.

Con la fundación de la *Conferencia Permanente de Partidos Políticos de América Latina* (COPPPAL), de la cual es miembro fundador el PIP, en México en 1979, la más importante organización de partidos de América Latina y el Caribe (compuesta por 51 partidos, de la más amplia gama ideológica) se estableció como principio básico de esa organización el respaldo a la independencia de Puerto Rico.

En noviembre 18 al 19 del 2006, por iniciativa del PIP, con el respaldo de la COPPPAL y el *Comité de América Latina de la Internacional Socialista* (organización de la cual el Presidente del PIP es Presidente Honorario a nivel mundial) se reunieron en Panamá 33 partidos de 22 países de América Latina en el *Congreso de Panamá por la Independencia de Puerto Rico* para diseñar una estrategia en apoyo a la independencia de Puerto Rico.

Poco después eminentes escritores e intelectuales de América Latina respaldaron públicamente la independencia y suscribieron un documento que recoge el llamado del Congreso de Panamá y que en su parte pertinente lee: *"Reiteramos ante el mundo nuestra solidaridad y apoyo a la causa de la independencia de Puerto Rico, reclamo histórico y de principios de nuestra América. América Latina y el Caribe no serán verdaderamente independientes hasta que todas sus naciones lo sean"*; Gabriel García Márquez, Ernesto Sábato, Mario Benedetti, Eduardo Galeano, Carlos Monsivais, Fray Betto, Leonardo Boff, Thiago de Mello, Pablo Armando Fernández, Jorge Enrique Adoum. Como afirmó Carlos Fuentes el 30 de marzo de 2010, *"Lo que nosotros queremos, América Latina, es un Puerto Rico independiente, que sea parte de nuestra comunidad"*.

Durante la última década varios parlamentos latinoamericanos –la Cámara de Delegados de México, el Senado de Argentina, la Asamblea Nacional del Poder Popular de Cuba y la Asamblea Nacional de Panamá, siendo los más recientes– han aprobado resoluciones unánimes en apoyo a la independencia de la Isla. En los últimos dos años han comparecido ante el *Comité de Descolonización* de la ONU los ex presidentes de Argentina, Raúl Alfonsín, y de Ecuador, Rodrigo Borja, a testificar en representación de los partidos miembros de la COPPPAL y del

Congreso de Panamá por la Independencia de Puerto Rico. En la reunión del Comité en junio de 2009 los gobiernos de Ecuador, Panamá y Nicaragua se unieron a los miembros latinoamericanos y caribeños del Comité –Bolivia, Chile, Cuba, Dominica, Sta. Lucía, San Vicente y Antigua, Grenada, Venezuela, y St. Kitts– en apoyo a la resolución presentada por Cuba y apoyada unánimemente que respalda la independencia y solicita que el caso colonial de Puerto Rico se eleve a la Asamblea General. También representantes de Honduras y Guatemala comparecieron en muestra de solidaridad.

Podrían multiplicarse los ejemplos de apoyo de los más amplios sectores de opinión de América Latina, desde los políticos y sindicales a los culturales y juveniles. Pero baste citar las palabras del presidente de Panamá, Martín Torrijos, el 18 de noviembre de 2006, ante el *Congreso de Panamá por la Independencia de Puerto Rico*, para ejemplificar el apoyo de América Latina como una cuestión de principios, más allá de cualquier matiz ideológico:

> *"El problema de fondo es que Puerto Rico es la única nación hispanoamericana que permanece bajo régimen colonial. Para los latinoamericanos, corregir para siempre esta anomalía debe ser una cuestión de principios y una prioridad continental. Lo que toca es acordar lo necesario para materializar el derecho puertorriqueño de constituir una república independiente. De lo que se trata es de impulsar un diálogo hemisférico sobre este tema, a fin de concertar cuanto antes un programa de transición que —de una vez por todas— solucione ese problema de manera igualmente digna y eficiente para todos los involucrados. América Latina puede ofrecer sus buenos oficios, alentar ese acuerdo y ser garante del cumplimiento y la sostenibilidad de ese programa".*

Por último, se incluye el discurso que pronunciara como presidente del PIP en la inauguración del Congreso Latinoamericano y Caribeño por la Independencia de Puerto Rico en Panamá, el 18 de noviembre de 2006.

Queridos compatriotas latinoamericanos y caribeños:

Los que creemos en la libertad no nos podemos conformar con menos. Por eso nos reunimos hoy en Panamá bajo el lema "América Latina Unida por la Independencia de Puerto Rico".

Hace ciento ochenta años el Congreso Anfictiónico convocado por el Libertador Simón Bolívar, se reunió en esta misma ciudad con el propósito de garantizar y completar la independencia de nuestra América. Hoy estamos aquí en cumplimiento de ese mandato.

En la última parte del siglo 20, Panamá ha sido ejemplo de lo que unidos podemos lograr. Aquí, un pueblo en lucha por sus derechos, y con el respaldo y la solidaridad de nuestra América, logró lo que hasta entonces parecía imposible: la recuperación de la zona del Canal, un territorio secuestrado por un enclave colonial que le partía en dos su propio corazón.

Los aquí presentes, representantes de toda la América Latina y el Caribe, pertenecientes a las más diversas tendencias ideológicas, podremos tener diferentes puntos de vista sobre múltiples asuntos, pero a todos nos une la independencia de Puerto Rico.

Porque, cuando se deja a un lado lo coyuntural, lo pasajero, y vemos la historia desde la cúspide de los siglos, Nuestra América la sufrida, es una sola patria; por donde va uno vamos todos. Tan libre será la América Latina y el Caribe como libre sea Puerto Rico. La historia de nuestras naciones durante el siglo XX ha sido la de variaciones sobre el tema de la dependencia. Puerto Rico es sólo su caso extremo.

Hoy, en la época de las nacionalidades y la demo-

cracia, y ante el fortalecimiento del respeto propio y la dignidad en nuestro continente, nada más natural que nuestra América —cada vez más dueña de sí misma— reclame a Puerto Rico como lo que siempre ha sido, como uno de los suyos.

Constituye una afrenta a Nuestra América y a la democracia que a la altura del siglo XXI Puerto Rico sea la última gran colonia que queda en el mundo. La democracia y el colonialismo son antagónicos e incompatibles. No puede haber democracia cuando las leyes básicas, y la vida misma de un país, son determinadas por un país extranjero. Una colonia democrática es un absurdo, una contradicción en sí misma. Una colonia democrática no es otra cosa que una jaula de oropel.

Pero el colonialismo no sólo ofende la democracia y violenta el principio de la igualdad entre los pueblos. El colonialismo constituye un ultraje contra la dignidad humana. Por eso el derecho a la libre determinación y la independencia es inalienable e irrenunciable y se ha convertido en norma absoluta e irrevocable de derecho internacional. Por eso el colonialismo ha sido proscrito por la humanidad. Por eso los Estados Unidos está en la obligación de descolonizar a Puerto Rico.

Ha llegado el momento de la independencia de Puerto Rico. La soberanía nacional de mi patria, que hasta ayer no era para muchos más que un reclamo de principios, se convierte hoy en una necesidad imperiosa, en una demanda necesaria para dar a respetar a nuestro continente. De eso se trata este Congreso.

Durante más de un siglo de colonialismo norteamericano (y antes bajo España), los puertorriqueños hemos luchado por nuestra descolonización y libertad, por todos los medios imaginables. Pero la desproporción de fuerzas ha sido avasalladora y la coyuntura histórica no ha sido la apropiada. Baste recordar que nos ha tocado ser colonia del país más poderoso del mundo en lo que se ha llamado el siglo norteamericano.

Pero los puertorriqueños tenemos la perseverancia, el arrojo y el tesón para hacer valer nuestros derechos. ¡Los Estados Unidos podrán tener la fuerza de la fuerza, pero nosotros tenemos la fuerza de la moral!

Todo lo que somos los puertorriqueños lo hemos hecho nosotros. Con el sudor y el esfuerzo de nuestros trabajadores, con la técnica de nuestros científicos y profesionales, con la inspiración de nuestros poetas, pintores y escritores; con la música de nuestros compositores y artistas y con el poder de nuestro pensamiento y nuestra imaginación. ¡No somos más que nadie, pero tampoco menos!

Pero la libertad, como enseñó Martí, hay que pagarla a su justo precio. Y yo puedo decir con orgullo: los puertorriqueños hemos pagado con creces el precio de la libertad.

Lo hemos pagado a través de los siglos con el sacrificio de nuestra lucha, con el calvario de nuestros patriotas; desde Betances, Ruiz Belvis y Hostos en el Siglo 19, hasta De Diego, Albizu Campos y Concepción de Gracia en el Siglo 20. Los patriotas puertorriqueños no se han conformado con escribir su protesta, al decir de Darío "sobre las alas de los inmaculados cisnes tan ilustres como Júpiter". Han ido más allá; como aquel joven nacionalista, bien nombrado Bolívar Márquez, quien luego de ser herido de muerte por órdenes de los gobernantes norteamericanos junto a más de veinte compañeros desarmados, dejó escrita con su propia sangre sobre una pared la protesta, ¡"Viva la República, abajo los asesinos"! "Y se le murió el tintero".

Y hemos pagado el precio de la libertad con el heroísmo y la constancia de hombres y mujeres como doña Lolita Lebrón y don Rafael Cancel Miranda, quienes cumplieron más de 25 años en prisión por la libertad de su patria y quienes nos honran hoy con su presencia. ¡Perseguidos, arando en el mar, pero siempre combatiendo, irradiando luz, esperanza, optimismo!

Si alguien, por desconocimiento de nuestra historia, tenía alguna duda sobre el arrojo y el tesón de los puertorriqueños en la lucha por su libertad, ahí está Vieques. Allí, en esa isla borincana, en los albores del Siglo 21, el pueblo puertorriqueño, con su fuerza moral, puso de rodillas a la Marina de Guerra más poderosa del mundo. ¡Los pusimos de rodilla y los forzamos a salir de nuestro suelo!

Los puertorriqueños hemos cumplido y seguiremos cumpliendo con nuestra obligación. Nuestra es la responsabilidad primaria y nuestro es el privilegio de luchar por la independencia de la patria.

Pero si a nuestra lucha por la libertad unimos el esfuerzo y la solidaridad militante de nuestros hermanos y hermanas del continente, ¿qué no seremos capaces de lograr?

Habrá quienes piensen que la exigencia de Puerto Rico para superar su condición colonial no es todavía para Estados Unidos un asunto urgente; pero de lo que no cabe la menor duda es de que América Latina es para los Estados Unidos un asunto de la mayor importancia. Por eso, al quedar la independencia de Puerto Rico inscrita en la agenda permanente de la América Latina y el Caribe, la liberación nacional de mi patria se hace inevitable.

Hoy estamos dando un paso fundamental e imprescindible en esa dirección. Este Congreso, más que la culminación, debe ser el comienzo de una gesta libertaria continental. América Latina y el Caribe se tienen que convertir en el interlocutor de la independencia de Puerto Rico ante los Estados Unidos y ante el mundo.

De aquí, de este Congreso, tiene que surgir esa determinación y tiene que surgir una agenda, un plan de acción, para hacer realidad la libertad de Puerto Rico.

Ese plan de acción debe incluir desde el reclamo de los parlamentos y gobiernos latinoamericanos y caribeños hasta la constitución de comités de solidaridad en todos los países de nuestro continente. Tenemos que lograr que las organizaciones sindicales, estudiantiles, culturales, religiosas, cooperativistas, cívicas y de toda índole —desde su liderato hasta sus militantes y miembros— apoyen, difundan y promuevan la lucha por la liberación de Puerto Rico. Tenemos que lograr que nuestra América, la de carne y hueso conozca y se enamore de la independencia de mi patria.

Al luchar por la independencia de Puerto Rico la América Latina y el Caribe no sólo estará cumpliendo con su obligación ética e histórica. La independencia de Puerto Rico le dará a nuestra América una mayor conciencia de su propia valía y de su propia fuerza. Pero digo más: me atrevo a avizorar el futuro y prever que la liberación de Puerto Rico muy bien podría ser el detonador que desencadene el proceso para hacer realidad el gran proyecto de Bolívar, "la gran Patria de patrias". Porque ante todo, los latinoamericanos y caribeños —y no me canso de repetirlo— somos hijos de una misma patria grande y generosa; nos enamoramos con las mismas canciones, nos estremecemos con los mismos poemas, bailamos con los mismos ritmos, nos ilusionamos con las mismas aspiraciones y sufrimos con un mismo corazón.

En las fiestas nacionales de todas las Repúblicas de América Latina y el Caribe se honra a aquellas generaciones que legaron a las del presente el regalo exquisito de la independencia, requisito indispensable para una vida de plena libertad, justicia y dignidad. Ninguno de nosotros tuvo el privilegio de participar en aquellas luchas heroicas. Yo los invito a convertir a nuestra generación en la última generación de libertadores de Nuestra América. A esa misión los invito. Vamos a hacer realidad la independencia de mi patria, que es también la de ustedes, la nuestra.

Los herederos de Hatuey, de Cuauhtémoc, de Atahualpa, de Toussaint, de Hidalgo, de San Martín, de Artigas, de O' Higgins, de Sucre, de Bolívar, de Duarte, de Juárez, de Martí, de Sandino, y de Pedro Albizu Campos, juntos, no hay reto que no podamos superar ni sueño que no podamos realizar. ¡Viva Nuestra América Unida! ¡Viva Puerto Rico Libre!

Índice temático

A

Acuerdo General Sobre Aranceles
69
Adoum, Jorge Enrique 181
África 50
Afroyim v. Rusk 121, 157
Albizu Campos, Pedro 27, 29, 34,
46, 150, 180, 185, 188
Alemania 26, 132
Comercio con PR 57
de Bismarck 51
Mov. sindical 50
Alfonsín, Raúl 181
Alm, James 83
América Latina
86, 161, 167, 180, 182
bicentenario 45
El gran interlocutor 45
ius solis 106
solidaridad con Ind. PR en 38
Vieques, repercusión en 40
Anexionismo Puert.
ha crecido artificialmente 44
antiimperialismo 20
Apartheid surafricano 39
Argentina 45, 181
Islas Malvinas 45
Nacionalidad dual en 110
Aristóteles 104
Artigas, José G. 188
Asamblea Const. de Status 167

Asia 86
Asociación de Naciones del Sudeste
Asiático 55
Atahualpa 188
Austro-Hungría 117
Autonomía
"esclavitud con una cadena larga"
29
Autoridad de Acueductos y Alcantari-
llados 67
Autoridad de Comunicaciones 67
Autoridad de Fuentes Fluviales 67
Autoridad de Tierras 64
Autoridad de Transporte 67

B

Balzac v. Porto Rico 127, 136
Banco de Fomento 64
Banco Mundial 56, 97
Bandera de Puerto Rico
Legalización de 35
Bélgica 117
Beltrán, Haydee 30
Benedetti, Mario 181
Benítez Castaño, Eugenio 131
Berlín, muro 42
Berríos Martínez, Rubén
42, 166, 177
Gesta de Vieques 40
Pres. Honorario I.S. 40, 181
Propone Cté. *Task Force* 43, 159

Betances, Ramón Emeterio 19, 20,
    24, 27, 46, 180, 185
Betto, Fray 181
Bickel, Alexander 111
Boff, Leonardo 181
Bolívar, Simón
    18, 180, 183, 187, 188
Bolivia 182
  Nacionalidad dual 110
Borges, Jorge Luis 101
Borja, Rodrigo 181
Boumediene v. Bush 136
Brasil
  Ciudadanía 105
  Eco. emergente 54
Brookings Institution 61, 83
Bush, George (Hijo) 43, 159
Bush, George (Padre) 78

C

California 144
Cámara de Delegados de P.R.
    25, 131
  rechaza ciudadanía E.U. 132
Canadá 86
  Edo. plurinacional 163
Cancel Miranda, Rafael 34, 185
Cancún 45
Carta Autonómica 21
Casa Blair
  ataque a 33
Casos Insulares 134
  Willaim H. Taft 136
Catalá, Francisco Dr. 11, 12
Central Aguirre Associates 60
Centro América 18
Centro para la Nueva Economía 83
Chicago
  huelga 1886 50
Chile 182
  Ciudadanía 105
  Nacionalidad dual en 110
China 55, 71, 86

multipolaridad 54
Ciudadanía
  derecho a renunciar 116
Ciudadanía Americana (de E.U.)
    23, 101
  ciudadanía de un orden inferior
    129, 139
  Guam 138
  Imposición de 24
  Islas Vírgenes 138
  los negros luego de la emancipa-
    ción 138
  Marianas del Norte 138
ciudadanía común 151
Ciudadanía Dual
  comienzo doctrina 117
  en Estados Unidos
    111, 115, 118
Ciudadanía estatal
  de carácter domiciliario 113
Ciudadanía Puertorriqueña 123
  objetivo ind. 165
ciudadanos americanos 10
Clinton, William J. 43, 78, 159
Código Federal de Rentas Internas
  E.U. 68
  Corporaciones Foráneas Contro-
    ladas 78
  Sección 262 68
  Sección 30-A 79
  Sección 901 79
  Sección 931 68
  Sección 936
    68, 72, 73, 74, 77, 78
Collazo, Oscar 33
Colombia
  Ciudadanía 105
  Nacionalidad dual en 110
Colonialismo
  coacción colectiva 39
  Dimensión psicológica 49
  ha prevalecido por confiscación
    44

Comité de Descolonización
181. *Ver* ONU
Comité de Energía y Recursos Naturales del Senado 166
Comité Interagencial de la Casa Blanca 43
Comité *Task Force* 159
Commonwealth Oil Refining Co. (CORCO) 70
Compañía de Fomento Industrial 64
PRRA pasa a manos de 65
Concepción de Gracia, Gilberto 9, 30, 35, 46, 180, 185
Conciencia nacional 19
Confederación Antillana 20, 24
Conferencia Permanente de Partidos Políticos de América Latina (COPPPAL) 42, 180
Congreso Anfictiónico de Panamá 18
Congreso de Panamá por la Independencia de Puerto Rico 182
Congreso E.U. 23, 24, 29, 30
ataque Nacionalistas a 34
elimina privilegios cont. 37
Retiene poderes 30
romper impase colonial en 46
Congreso Latinoamericano y Caribeño por la Independencia de Puerto Rico 42
Constitución de E.U.
concepto de "pueblo" 113
Enmienda 14 157
los negros y los indios en 113
No define la ciudadanía 111, 112
Constitución Mexicana 141, 146
Convención de La Haya 106, 107
Corea 64
Corporación de Productos de Arcilla 65
Corte del Distrito de Columbia 123

Corte Internacional de Justicia 178, 179
Corte Suprema E.U.
Ciudadanía dual 120
Costa Rica 80
Nacionalidad dual en 110
Crisis financiera 2008 55
Cuauhtémoc 188
Cuba 18, 19, 21, 24, 42, 58, 125, 149, 182
anexiónismo 22
Asamblea Nacional del Poder Popular 181
Comercio con PR 57
gestiones en favor liberación Nacionalistas PR 34
Guantánamo 136
La Habana 180
Ocupación E.U. 26
política de solidaridad 39
Revolución Cubana 34, 180
Culebra
Desobediencia civil en 40
cultura antiindependentista 11
Cumbre del Pacto de Río 45

D

Darío, Rubén 185
de Diego, José 24, 27, 46, 56, 180, 185
de Mello, Thiago 181
Departamento de Estado E.U. 117
Departamento del Tesoro E.U. 77
Departamento del Trabajo 81
Derecho de Nacionalidad 106
Derecho Internacional 44, 175, 178, 179
no admite el col. por consentimiento 178
Desnacionalización
Doctrina 120
Diffie, Bailey y Justine 60
Dinamarca 117

Dólar 95
Dominica 182
Downes v. Bidwell 135
Dred Scott v. Sanford 114
Duarte, Juan Pablo 188

E

Economía
  concepción del tamaño de los países
      55
  monocultivo azucarero 49
  Política neoliberal 56
Economía de PR 36
  en franca bancarrota 41
  nueva relación de dependencia 154
  Programas de asistencia social
      36, 38, 41
  repatriación ganancias Corp. 37
  sector manufacturero 36
  tasa de part. laboral 37
  transferencias federales 152
Economía PR
  advertencias desoídas 85
  agotamiento 87
  const. de bases militares 64
  crecimiento se agota 71
  cuadro laboral 80
  desempleo crónico 71, 81
  dimensión psicológica 92
  endeudamiento sector gub. 72
  estrategia basada en sal. bajos 66
  exportaciones de ron 63
  floreciente eco. informal 81
  imp. y exp. finales S XIX 57
  industria de la aguja 60
  Industria de la ropa 69
  ingreso puert. (*Inf. Brookings*) 61
  jornal promedio 59
  Petroquímicas 69
  Plan Chardón 62
  poderes críticos para 89
  recesión criolla 86
  Reforma agraria 67

torcida economía de enclave 97
transf. del gob. federal 72
transferencias devengadas 72
Ecuador 181
  Nacionalidad dual en 110
Edad Media 115
  teoría de fidelidad perpetua 116
ELA
  Ver Estado Libre Asociado
El Caribe
  dependencia 26
  intervencionismo EU sin prece-
      dentes 26
  lago norteamericano 20
El Salvador
  Nacionalidad dual en 110
Emigración Puert. a EU 36
  Persecución antiind. y la 34
Emigration Reform Control Act de
      1996 146
Empresas Ferré 65
Eslovenia 80, 96
España 18, 19, 20, 49, 104, 124
  Comercio con PR 56
  Edo. plurinacional 163
  Nacionalidad dual en 110
Estadidad   97, 125, 162, 163,
      164, 166
  factor disgregante 41
  *No es para pueblos latinoameri-
      canos* 137
  no es prerrogativa de los puert.
      155, 164
  un polvorín 163
Estadoísmo
  auge 41
  producto dependencia extrema
      44
Estado Libre Asociado
      29, 30, 38, 86, 167
  agotamiento de agenda reformista
      67
  autonomía fiscal 97

Desgaste modelo col. 41
Engaño al mundo 31
Gob propio se reduce cada vez
 más 31
merma en el apoyo al 161
Nacionalismo cultural 35
Poderes fundamentales siguen en
 manos E.U. 31
proyecto reformista 151
Semillero de estadistas 155
Estado nacional 106
Estados Federados de Micronesia
 173
Estados multinacionales 104
 lealtades a 106
Estados Unidos 20, 21, 22, 24,
 26, 44, 49, 50, 86, 166,
 168, 172
 Acuerdos de libre asociación 172
 azúcar de PR 57
 Comercio con PR fines S XIX 56
 comienza din. ind y financiero 51
 declara guerra al nacionalismo
 PR 28
 de República a Imperio 124
 Economía 97
 espectro de la Guerra Civil 163
 Exenciones a empresas de 68
 Guerra Civil 112
 Dred Scott 115
 pueblo y ciudadanía 114
 Impone tributo de sangre a PR 31
 imp votantes méxico-americanos
 145
 interés geopolítico en el Caribe
 149
 ius solis 106
 Ley de Nacionalidad del 1790
 113
 los términos nacionalidad y ciudadanía 104
 mayor injusticia distributiva 97
 Movimiento sindical en 50

multicultural pero no multinacional
 148
multipolaridad 54
país de inmigrantes blancos 114
País deudor 72
Participación laboral 80
penalizaba solidaridad con Ind. PR
 38
Petróleo 69
Políticas proteccionistas 52
pretensiones egemónicas 20
PR factor disgregante 163
Programa "Nuevo Trato" 62
prohibiciones al libre tránsito 143
Reconoce condición de subordina-
 ción PR 43
sentimiento anti inmigrante 144
Superpotencia 52
Europa 86, 104, 105
 Pierde egemonía 52
 Recuperación eco. 54
Expatriación 117
 Nationality Act de 1940 119

F

Fajardo Sugar Co. 60
FBI 30, 31, 32
Fernández, Pablo Armando 181
Fideicomiso de Territorios del Pacífi-
 co 172
Figueroa Cordero, Andrés 34
Filipinas 24, 25, 68, 105, 124, 125,
 126, 131, 133
 y la Ciudadanía a PR 130
Flores, Irvin 34
Franceschi, Pedro Dr. 131
Francia 26, 104
 Comercio con PR 57
 Corsos 104
 Mov. Sindical 50
 Revolución Francesa 104
Fresneda, Bolívar 65
Fuentes, Carlos 181

G

Galeano, Eduardo 181
Gandhi, Mahatma 9
García Márquez, Gabriel 181
Gran Bretaña 51, 104, 116
　bretones 104
　Comercio con 56
　Edo. plurinacional 163
　ius solis 106
　Mov. sindical 50
　Nacionalidad dual en 110
Gran Depresión, La 27
　causas 52
　Siglo XIX 50
　Siglo XX (Década 1930) 52, 60
Grecia
　Nacionalidad dual en 110
Grenada 182
Grito de Lares 19
Grito de Yara 19
Guam 105, 124
Guatemala 182
　Nacionalidad dual en 110
Guerra de los Diez Años 19
Guerra Fría 39, 52, 86, 151, 164
　Fin mundo bipolar 54
　Ley Inmigración y Nacionalidad
　　(E.U.) 119
Guerra Hispanoamericana   17, 24,
　　56, 105, 112, 124, 133, 149
　Invasión a PR 20
　PR con nacionalidad plena 125

H

Haití 149
　Ocupación E.U. 26
Hamlet 10
Hatuey (Cacique) 188
Hawái 24, 58, 59, 126
Hidalgo, Miguel 188
Honduras 182
　Nacionalidad dual en 110

Hostos, Eugenio María de
　　20, 46, 180, 185

I

Independencia
　apoyo político explícito 37
　epopeya libertaria 17
　es el imperativo 98
　ind. vs. dependencia 92
　llave para el desarrollo 12
　lucha por 17
　miedo a 12
　objeciones a la ind. 95
Independentismo 38, 168
　auge del ind. 151
　imp. mov. organizado 167
　Resolución 1514 (XV) 176
Independentismo puertorriqueño
　　20
　represión y persecusión al 32
India 10
　Eco. emergente 54
Inglaterra (*Ver* Gran Bretaña) 116
Internacional Socialista
　Comité A.L. y el Caribe 42
　Comité de América Latina 181
Invasión napoleónica 23
Irizarry Mora, Edwin 92
Irlanda 80
　Nacionalidad dual en 110
Islas Cook 172, 174
Islas Marshall, República de
　　172, 174
Islas Vírgenes
　E.U. compra a Dinamarca
　　26, 132, 149
Israel
　Nacionalidad dual en 110
Italia
　Nacionalidad dual en 110
ius sanguinis 101, 106, 117, 118,
　　122, 140, 158
ius solis 106, 117, 118, 122, 140

J

Japón 50, 71, 86, 172
  multipolaridad 54
  Recuperación eco. 54
Jayuya
  Insurrección 33
Johnson, Lyndon 152
Joyce Company 65
Juarbe Juarbe, Juan 180
Juárez, Benito 188
Junta de Planificación 64, 68
Jus Cogens 179

K

Kawakita v U.S. 120
Keynes, John Maynard 53
  era keynesiana 62
  Modelo keynesiano 56
  Revolución keynesiana 52, 53

L

La Ley de Tierras 64
Landes, David S. 97
Lebrón, Lolita 185
  dirige ataque al Congreso E.U.
    34
Ley de Expatriación de 1907 (E.U.)
    118
Ley de Gobernador Electivo del
    1947 151
Ley de Incentivos Contributivos 78
Ley de Incentivos Económicos 68
Ley de Incentivos Industriales
    66, 67, 82
Ley de Inmigración de Estados
    Unidos 172
Ley de Inmigración y Nacionalidad
    de 1952 (E.U.) 119
  Vance v. Terrazas 121
Ley de La Mordaza 150
  Ciminaliza ind. 33
Ley de Recuperación y Reinver-
sión de América (ARRA)
    85, 93, 153
Leyes de cabotaje 91
Ley Foraker 23, 24, 57, 95, 105,
    133, 135, 178
  devaluación del peso 59
  Proyecto Foraker de 1900 126
Ley Jones   25, 26, 30, 57, 127,
    128, 130, 131, 156
Ley Número 73 83
  PIP se opuso 82
  Sustituyó Ley Inc. Ind. 82
Libre Asociación 171
  acuerdos de E.U. 172
  PIP la rechaza 172
Lloréns Torres, Luis 131
López, Oscar 30
Los Macheteros 30
Lozada, Alberto 123

M

MacKenzie v. Hare 120
Mahan, Alfred Thayer 56
maquiladoras 36
  se ensayaron en PR 36
Mar Caribe 56
Mari Bras, Juan 123, 180
Marina de Guerra Norteamericana
    9, 39
  Salida de Vieques 40
Marqués Velasco, René 92
Márquez, Bolívar 185
Martí, José 20, 24, 168, 180, 188
Martín, Fernando 11
Marx, Carlos 52
Masacre de Ponce 28, 150
Masacre de Río Piedras 150
Matienzo Cintrón, Rosendo 129, 131
Matos Paoli, Francisco 33
Mckinley, William 126, 133, 134
Medicare 153
melting pot estadounidense 147
Meneses, Laura Vda. de Albizu Cam-

pos 180
México 18
  Cámara de Delegados 181
  Ciudadanía 105
  Ciudadanía dual 139
  imp. económica del inmigrante 145
  muro contra inmigrantes 41
  problema doble ciudadanía 146
  se funda COPPPAL (1979) 181
Micronesia, Estados Federados
        172, 174
Monsivais, Carlos 181
Montesquieu 104
Movimiento Pro Independencia
        (MPI) 30, 180
Movimiento sindical 50
Multipolaridad 54
Muñoz Marín, Luis 29
  cludica 29
    Dirige persecusión anti ind. 33
    Persecusión al independentismo 32
Muñoz Rivera, Luis 128, 129, 137

N

Nación 102, 103
Nacionalidad 101, 102, 103
  pérdida o adquisición 107
  Protección diplomática 108, 109
Nacionalidad dual
  opción para PR 165
Nacionalidad dual o múltiple 109
  *Convenio de Nacionalidad entre
        Argentina y España* 110
  Convenio entre Brasil y Portugal
        110
  Convenio entre Italia y Argentina
        110
Nacionalismo cultural 35
  "de pacotilla" 35
Namibia 171, 178
Naturalización 107
Negrón Rivera, Eric 79
Nelson, Richard R. 89

New York Times (Periódico) 9
Nicaragua 149, 182
  Nacionalidad dual en 110
  Ocupación E.U. 26
Niue 172, 173, 174
North, Douglas 70, 71, 88
Nueva Zelanda 172
Nuevo Trato (Programa)
        28, 62, 152

O

O' Higgins 188
Ojeda Ríos, Filiberto 30
ONU 34, 159, 176
  Asamblea General 42, 45, 161
  Comité de Descolonización
        42, 43, 177, 181
  Fideicomiso de Territorios del
        Pacífico 172
  Resolución 1541 (XV) 171
Operación Manos a la Obra
        68, 69, 86
Organización de Estados America-
        nos 180
Organización Mundial del Comer-
        cio 69

P

Palau 174
Panamá 126, 183
  Asamblea Nacional 181
  Canal de 20, 45, 56
  *Congreso de Panamá por la Ind.
        de PR* 181
Paraguay
  Ciudadanía 105
  Nacionalidad dual en 110
Partido de la Independencia (1912)
        131
Partido Independentista Puertorri-
        queño 9, 30, 33, 34, 82,
        150, 167
  Congreso Panamá 42

Expresa solidaridad con Naciona-
  listas 33
Gesta de Vieques 40
Prefiere Asamblea Const. de
  Status 44
Partido Liberal 28
Partido Nacionalista de Puerto Rico
  27, 30, 32, 33, 150, 180
Partido Nuevo Progresista 82
Partido Popular Democrático
  29, 82, 178
  Pacto de futuro 175
  pretensión absurda 179
  Resolución 2625 (XXV) 177
  y la represión al ind. 32
Partido Socialista Puertorriqueño
  30
Partido Unión de P.R.
  25, 28, 129, 131, 157
Pérez v. Brownell 120
*Personal Responsability and Work
  Opportunity Reconciliation
  Act* del 1996 144
Perú
  Nacionalidad dual en 110
Piñero, Jesús T. 66
PIP. *Ver* Partido Independentista
  Puertorriqueño
Plan Chardón 62
Posguerra 53
Precios del petróleo 54
Primera Guerra Mundial
  26, 52, 132, 149
Producto Interno Bruto
  China 54
  Países ind. 51
Producto Interno Bruto PR
  75, 76, 93
Producto Nacional Bruto PR
  70, 72, 75, 76, 83, 93
Programa de Cupones para Alimen-
  tos (1975) 154
Proposición 187 de California 144

Proyecto de ley S. 712 165
Proyecto S. 244 166
Puerto Rican Cement Company 65
*Puerto Rican Emergency Relief Ad-
  ministration (PRERA)* 62
*Puerto Rican Reconstruction Admi-
  nistration (PRRA)* 63, 65
Puerto Rico 18, 24
  botín de guerra 20
  Comercio con España 56
  Cuadro laboral 80
  economía insular 27
  emigración 69
  endeudamiento gob. 72
  es una nación 97
  exportaciones a E.U. 85
  fortaleza de la nacionalidad 41
  invasión de EU 20
  invasión militar de EU 57
  la Gibraltar del Caribe 21
  la Gran Depresión 27
  mera posesión E.U. 26
  mercado común 58
  moneda común 59
  nac. homogénea 163
  política de americanización 150
  producción azúcar 58
  producción café 58
  prolongado estancamiento eco. 71
  tabaco 60
  torcida economía de enclave 97
  última gran colonia 184
  venta azúcar a EU 57

Q

Quebec 148

R

Reagan, Ronald 78
Reformismo 20
República de Palau 172
República Dominicana 56, 149
  Nacionalidad dual en 110, 142

Ocupación E.U. 26
Resolución 1514 (XV)
       175, 176, 178, 179
Resolución 1541 (XV)
       171, 176, 178, 179
Resolución 2625 (XXV) 177, 179
Resolución 748 (VIII) 176
Revolución Americana 104
revolución de las expectativas
   Producción en masa y 53
revolución electrónica 54
Revolución Industrial 50
Rodríguez Orellana, Manuel
       159, 172
Rogers vs. Bellei 157
Roosevelt, Franklin D. 21, 28, 152
   "Nuevo trato" 62
Roosevelt, Theodore 156
Roosevelt Road (Base naval) 159
Root, Elihu 156, 164
   "PR debe ser una República" 164
Ruiz Belvis, Segundo 185
Rusia 50

S

Sábato, Ernesto 181
Sahara Occidental 171, 178
Samoa 105
San Ciriaco (Huracán) 58
Sandino, César Augusto 188
San Felipe (Huracán) 58
San Martín, José de 188
Santo Domingo 24, 125
   intentos de anexión 149
San Vicente y Antigua 182
Schumpeter, Joseph 52
Sección 262 68
Sección 936 68, 78
   PIP anticipa derogación 79
Segunda Guerra Mundial 29, 52, 66,
       71, 86, 145, 151, 172
   Aumento casos nacionalidad dual
       110

gestión reformista en PR durante
       64
Seguro Social 92, 94, 153, 165
Sen. Amartya 97
St. Kitts 182
Sta. Lucía 182
Stimson, Henry 132
Stuart Mill, John 104
Sucre, Antonio José de 188
Suecia 117
Suiza
   Nacionalidad dual en 110
Sur América 18

T

Taft, William H. 26, 136, 137
   fue gob. Filipinas y Pres. E.U.
       138
Taiwan 64
Teodoro Moscoso 65
Tercer Mundo 52
The South Porto Rico Sugar 60
Thomas Christians 10
Tobin, James 75, 84
   Informe Tobin 76
Todd, Roberto H. 156
Torres, Carlos Alberto 30
Torresola, Griselio 33
Torrijos, Martín 42, 182
Toussaint-Louverture, Francois
       188
Transf. gubernamentales 81, 92
   Pensiones de Veteranos 94
   Plan de Asistencia Nutricional
       93
   Seguro Social 94
   una falsa dependencia 94
Tratado de la Unión Europea 165
Tratado de libre tránsito
   Opción para PR 165
Tratado de París
       124, 126, 127, 128, 130
   Debate en Senado E.U. 125

Tribunal Supremo E.U. 25
  triunfa línea imperialista 135
Tribunal Supremo P.R.
  declara ilegal el Carpeteo 32
Truman, Harry S. 33
Tugwell, Rexford G. 63, 65, 66
  leyes de cabotaje 67
  Vieques 67
Tydings (Proyecto de 1936)
     29, 165

U

Unión Europea 96
  multipolaridad 54
Unión Soviética 86
  colapso de 42, 54
  Edo. plurinacional 163
  Superpotencia 52
United Porto Rican Sugar Co. 60

V

Vance v. Terrazas 121
Vascos 104
Venezuela 182
  Ciudadanía 105
  Imp. de petróleo 69
Vieques 9, 13, 39, 159, 168, 186
  desobediencia civil 39, 40
  Marina de guerra 67

Y

Yager, Arthur 133
Yugoslavia
  Edo. plurinacional 163

Z

Zeno Gandía, Manuel 131

Este libro se terminó de imprimir
en el mes de abril de 2010
en los talleres gráficos de
EDITORA CORRIPIO, C. POR A.
Calle A esq. Central
Zona Industrial de Herrera
Santo Domingo, República Dominicana.
www.editoracorripio.com